AF606160

CON FLORES A MARÍA

A Jesús de la mano de su Madre

Agustín Cobos

CON FLORES A MARÍA

A Jesús de la mano de su Madre

Agustín Cobos

C/ Sagasta, 6

23400 - Úbeda (Jaén)

www.didacbook.com

1ª edición: abril de 2026

Dirección editorial: Miguel Ángel Barbero Barrios

Edición y maquetación: Maite Gómez García

ISBN: 978-84-17855-59-8

Depósito Legal: J 132-2026

ÍNDICE

INTRODUCCIÓN

Cuando estamos enamorados, pensamos siempre en regalarle unas flores a nuestra amada. Por eso, esta obra es un ramo lleno de rosas perfumadas para la Santísima Virgen María.

Nuestras almas son como los jardines de Dios Padre, donde Él se deleita. Alguna vez tendrá que podar y cambiar de sitio las raíces, pero todo es para nuestro bien. La más bella, la más hermosa del vergel del Paraíso es nuestra Reina y Señora.

Este libro está dedicado a la Virgen María, no trata de teología ni de palabras místicas; simplemente sale de mi corazón, que quedó prendado de su amor maternal en Medjugorje.

Porque siempre fui creyente, al haber nacido en una familia católica practicante. Pero en la adolescencia y juventud no me sentía querido y busqué ese cariño en sitios equivocados, como el alcohol y la cocaína. En amistades que solo ansiaban estar conmigo porque hacíamos las mismas cosas, como evadirnos de la realidad.

Mis padres nunca perdieron la fe ni la esperanza, porque veían cómo estaba malgastando mi vida y rezaban, suplicaban a Dios por mí. Una noche cualquiera, después de haber pasado unos días de fiesta sin dormir en casa, mi madre lloraba y lloraba. Entonces, mi padre le dijo: "lo que nosotros no hemos podido conseguir, pidámosle a la Virgen, que ella, siendo Madre de Dios, seguro que nos escucha y lo consigue".

Mi padre, que me aconseja, que me quiere, hombre de fe, que siempre está para ayudarme en las duras y en las maduras, es quien me transmitió el amor a la Santísima Virgen María. Porque él es mariano, aunque quiere especialmente a su Virgen de la Estrella, que es la patrona de nuestro pueblo de Chucena.

Hombre de pocas palabras, pero que habla con sus actos. Aunque lo que más le cuesta es conversar sobre la Virgen, porque se emociona y hasta llora. Porque tiene a María como pilar y guía, pero sobre todo como Madre, siendo una más de nuestra gran familia.

Cuando caminaba sin rumbo por el mundo de los vicios, tanto él como mi mamá pasaban las noches en vela rezando. Como es normal, había momentos en que se desesperaban y lloraban, al pensar que habían perdido a su hijo. Pero él se mantuvo firme y siempre pedía a la Virgen que no me dejara de su mano, que me cubriera con su manto maternal. Hasta me consagraron a Ella.

Fui a ese pequeño pueblo de Bosnia Herzegovina con muchos miedos, porque, a pesar de que nunca he escondido mi fe, mi vida no tenía nada que ver con Dios. Además, yo la Virgen ni sabía que existía.

Si iba a Misa era solo socialmente, como en bautizos, comuniones y bodas. Pero allí, en una confesión con un sacerdote franciscano pude sentir el Amor de Dios y todo cambió en mi vida.

Además, allí la *Gospa*, como llaman cariñosamente a la Virgen, dice en uno de sus mensajes: "si supieras cuánto te amo llorarías de alegría". Así fue: lloré de alegría al sentirme tan amado.

El rezo del Rosario lo conocía, pues lo había hecho en alguna ocasión con mis padres, además de que muchas veces los había escuchado.

Rezaba y lloraba de alegría. Ahora la fiesta que quería era poder recibir cada día a nuestro Señor Jesús en la Eucaristía. ¡No hay mayor celebración! Cada Misa es el Cielo mismo abierto en la tierra.

Otra cosa que también dijo la *Gospa* fue: "si debéis elegir entre la aparición y la Santa Misa, elijan siempre la Santa Misa porque durante la Santa Misa, mi Hijo está con ustedes".

Porque la Virgen Santísima nunca se queda en ella; lo que quiere es que sigamos a su Hijo, que le sirvamos, que le amemos. Ya lo dijo en las famosas bodas de Caná: "haced lo que Él os diga".

María siempre está donde su Hijo Jesús. Por eso encontrarás un Viacrucis al final del libro, donde Jesucristo te irá mostrando cuánto nos ama y por qué se entregó por ti y por mí en tan dolorosa e ignominiosa muerte.

En cada estación te enseñará lo que es el verdadero Amor, y todo fue porque te ama y nada ni nadie lo hará cambiar de parecer. Si Él murió fue por ti y si Él resucitó fue también por ti, porque te ama.

Porque el Amor lo cura todo, lo transforma todo. Es el Amor lo que da vida, y no la ira ni el odio, ni echar las cosas en cara, ni las riñas agitadas y discusiones queriendo llevar la razón.

Y como no hay nada que la Virgen Santísima pida a su Hijo, nuestro Señor Jesús, que Él le niegue, aquí estoy compartiendo contigo mis torpes palabras.

Porque tanto María como Jesús quieren que seamos felices; no nos quieren con cara de vinagre, nos quieren sonrientes, alegres, llenos de gozo. ¡Alabando y adorando en todo momento y lugar!

Porque, así como la Virgen Santísima llevó nueve meses en su seno a Jesús, Niño Dios -cuidándole, alimentándole, custodiándole, amándole-, así hace contigo y conmigo.

Porque María, que es nuestra Madre, nos lleva en su regazo, de su mano, bajo su manto, hasta que un día, ya en el Paraíso, veamos su hermosura celestial.

¡Todo tuyo, María! ¡Todo tuyo, Jesús!

CONSAGRACIÓN

Hoy me consagro a ti, Reina del Rosario de Fátima. Te entrego mi vida y la de mi familia, para que seas tú quien nos oriente, guíe y nos lleve de tu mano, bajo tu manto; para que seas tú la timonel que gobierne la navecilla de mi vida.

En esta hora dramática de la historia, nos consagramos junto a toda la Iglesia católica, cuerpo místico de tu Hijo, nuestro Señor Jesús. Porque sufrimos, y mucho: el mundo está sangrando, herido y atribulado por el odio y la guerra. Tu dulce Corazón se conmueve ante tanta crueldad. Ruega por nosotros, Madre, y danos la gracia de perseverar firmes en la fe y en la esperanza.

Concédenos tu protección y auxilio. Y, para que esta consagración sea eficaz, nos comprometemos a defender el magisterio de la Iglesia, a vivir en obediencia al Papa León XIV, a rezar cada día el santo Rosario, a confesarnos una vez al mes y a asistir a Misa todas las semanas.

Hoy, Madre Santísima, consciente y libremente, renuevo los votos de mi bautismo. Renuncio a Satanás y a todas sus insidias. Te elijo como mi Reina y Señora, en presencia de mi ángel custodio, y me consagro a tu Corazón Inmaculado. Te entrego mi cuerpo y mi alma.

¡Dios mío, yo creo, adoro, espero y te amo! ¡Te pido perdón por los que no creen, no adoran, no esperan y no te aman!

¡Santísima Trinidad, Padre, Hijo y Espíritu Santo, te ofrezco el Cuerpo, la Sangre, el Alma y la Divinidad de nuestro Señor Jesucristo, presente en todos los Sagrarios del mundo, en reparación de los ultrajes, sacrilegios e indiferencias con los cuales Él mismo es ofendido!

¡Por los méritos infinitos del Sagrado Corazón de Jesús y del Corazón Inmaculado de María, te pido la conversión de los pobres pecadores!

Amén

CAPITANA

Existe una milicia de ángeles que lucha a nuestro favor día tras día. Pero también hay un ejército que lucha sin cesar: las almas consagradas. Las monjas y monjes que, en el silencio de sus conventos y monasterios, mantienen firme en la fe a nuestra Iglesia católica. Y la Santísima Virgen María es su capitana.

Aunque nosotros, los laicos, también podemos enrolarnos en cualquier momento en la tropa mariana. ¿Te apuntas? Yo cada año renuevo mi consagración al Inmaculado Corazón de María; es decir, ser de María para pertenecer a nuestro Señor Jesús.

Ante cada tentación recurro a Ella; en el dolor y el sufrimiento clamo a Ella. Porque es Reina y Señora de todo lo creado. Siempre nos defenderá como Madre. Como las mamás que cogen a sus bebés en volandas, los achuchan, abrazan, acarician, besan y hacen sonreír.

Ella nos dice: «Ven conmigo, hijito amado, y no temas nada, porque yo estaré contigo». Cuando venga la tribulación, agarra el Rosario, que es como cogerte de su mano; es como decirle: «Ayúdame, mamá, que tengo miedo».

Porque tener miedo es humano y el diablo sabe más que nosotros, pero tenemos la fe y la esperanza. Yo siempre llevo el escapulario del Carmen, el agua bendita y, por supuesto, el Rosario, que son como balas de artillería cada vez que digo: «Avemaría».

¡Vayamos todos con flores a María! Brotes de buenas obras, de servicio desinteresado hacia los demás, de oración generosa, de recibir gracias de sus tiernas manos, que nos regala a raudales.

Soldados de su ejército victorioso, ya que un día su Inmaculado Corazón triunfará, como prometió en Fátima. Ruega por nosotros, Madre nuestra, y habla mucho a Jesús de cada uno en particular.

Sabes de nuestra inconstancia, de nuestra falta de fe; por ello, danos la gracia de la oración perseverante, la de alabar a nuestro Salvador en todo momento y lugar, luchando siempre a tu lado, buscando la santidad para gozar un día del Cielo.

Amén

ESPOSA DEL ESPÍRITU SANTO

Caminamos hacia el Cenáculo para recibir al Paráclito divino de la mano de María en Pentecostés, a quien llamamos esposa del Espíritu Santo. Ella, que está tan vacía de sí misma que rebosa del amor de Dios, es inundada por el Espíritu Santo con sus dones y carismas.

María, la llena de gracia, se dejó guiar siempre por sus inspiraciones, sus susurros interiores a su alma pura e inmaculada. Mujer dócil y obediente, mujer del silencio y de la escucha, mujer que supo acoger y cumplir la voluntad de Dios Padre.

Así deberíamos ser tú y yo: pedir siempre al Espíritu Santo la alabanza en nuestra boca, cómo actuar, cuándo hablar y, como María Santísima, guardar todas estas cosas en el corazón.

En medio de los acontecimientos que vivimos, desde nuestra inconstancia y pereza espiritual, acojamos al Espíritu Santo como dulce huésped del alma, con docilidad, dejando que ilumine nuestros pasos en el diario caminar.

Dejémonos sorprender por el soplo del Espíritu Santo, que siempre llega, aunque tantas veces no seamos conscientes. Porque sopla como quiere, cuando quiere y donde quiere.

La Virgen alaba a Dios Padre porque ha mirado su sencillez, porque ha visto en ella un terreno fecundo donde el Espíritu Santo vendrá a poner su nido para que nazca el Salvador, Jesús, nuestro Señor.

En la medida en que vamos descubriendo y probando el amor de Dios, crece en nosotros el deseo de descubrir su voluntad y buscar la santidad, amando como Él nos ama.

¡Vayamos todos con flores a María! Tengamos el coraje y la determinación de rezar el Rosario cada día para que interceda ante el Padre, el Hijo y el Espíritu Santo por nosotros.

¡Oh María, esposa del Espíritu Santo, abre nuestros corazones a sus susurros e inspiraciones! ¡Dios te salve, primer templo del Espíritu Santo, llévanos siempre de tu mano, bajo tu manto maternal!

¡Todo tuyo, María! ¡Todo tuyo, Espíritu Santo, Dios!

Amén

ABOGADA NUESTRA

Todos pasaremos por un juicio final, delante del juez más justo y misericordioso que hay: nuestro Padre Dios. Todo lo que hayamos hecho o dejado de hacer se nos recordará entonces. Pero tendremos a María Santísima como abogada nuestra.

Ella nos acompañará cuando nos visite la hermana muerte y nos ayudará a cambiarnos el traje sucio de corrupción y pecado por el blanco de pureza para entrar en el Paraíso. Allí, en el tribunal del Cielo, seguirá intercediendo por ti y por mí, recordando cómo nos agarramos de su mano, rezando el Rosario, cuando teníamos miedos y dudas.

Como después de la Pasión de Cristo, los apóstoles seguían escondidos, encerrados, temerosos de que los persiguieran, pero Ella los animaba, los alentaba a salir. Así también hace con nosotros.

¡Vayamos todos con flores a María! Porque quien pierde su vida por nuestro Señor Jesús la ganará en el Cielo.

En estos tiempos en los que parece que todo se hunde, es la hora de la fe, el tiempo de los santos. Tenemos que ser luz entre tanta oscuridad y enseñar a los demás con nuestras vidas que a lo único que hay que tener miedo es a pecar: miedo a que nuestras almas ardan en el infierno.

Recuerdo cómo cuando mi papá me regañaba por algo, con justa razón, todavía hoy mi mamá sale intercediendo. Así es María: solidaria y tierna con sus hijos.

Así que, por más viles y pecadores que seamos, ruega por nosotros ante el Padre Dios, aplacando la justicia divina. Ella es nuestra abogada para con el Hijo, como el Hijo lo es para con el Padre.

Reza cada día el Rosario e invita a otros a hacerlo juntos. Que María sea una más de la familia. Qué importante es rezar por los que están en agonía, para que el miedo se evapore y venga la paz a sus almas.

Ea, pues, Señora, abogada nuestra, ruega por nosotros, pecadores, para que seamos dignos de alcanzar las promesas de nuestro Señor Jesucristo.

Amén

MADRE DEL DOLOR

María, madre mía, hoy quiero acompañarte en oración, porque tengo miedo. El Maestro, nuestro Señor Jesús, ha muerto, y ¿qué soy yo sin Él?, ¿qué puedo yo sin Él? Y me quedé dormido, no velé rezando y se lo llevaron.

Ante las injusticias sociales, ante la persecución a la Iglesia católica, ante los poderes públicos que nos quieren aborregar... pero rezamos, y mi alma, que estaba turbada, encuentra la paz contigo, Señora mía.

Porque me acaricias el cabello, me abrazas y susurras: «No tengas miedo, hijito mío, ten esperanza; no hay nada en la tierra o sobre ella que pueda apartarte del amor de mi Hijo y de mi maternal ternura por ti».

En los tiempos recios de tribulación, búscame, no dudes en llamarme. También había cosas que no llegaba a comprender; simplemente oraba, las guardaba en mi corazón y confiaba.

Por eso, ama siempre, que en el amor está la libertad. Nada turbe tu alma. Esperemos en silencio y oración, con la seguridad de que Jesús, nuestro Señor, es fiel, cumple su Palabra y el templo será reconstruido en tres días.

Ven y acurrúcate bajo mi manto. Así como acaricias cada cuenta del Rosario, así te arrullo en mi Inmaculado Corazón. Y necesito tanto de ti, aunque te veas pequeño y débil: tu pobre oración confiada son balas de cañón contra el enemigo.

Hijito mío, aquí estoy a tu lado; siempre estoy para consolarte, ayudarte, para ser tu apoyo en los momentos de cruz y sufrimiento. Permanece a mi lado, que yo nunca me separo de mi Hijo, nuestro Señor Jesús.

Así iré enseñándote a amarle cada día más y más. Calla y escucha tu corazón: ahí, en cada latido, en cada respirar, te está amando mi Hijo, Jesús.

Ánimo, hijito mío, reza conmigo: en la luz y en la oscuridad, en lo dulce y en lo amargo, en la salud y en la enfermedad, en la pena y en la alegría, en todo momento y lugar, ¡ocúpate Tú de todo, Dios y Padre mío! ¡Hágase tu voluntad en mí!

Amén

MADRE DE LA ESPERANZA

Madre nuestra de la Esperanza, necesitamos de ti, porque el mundo está enfermo y no quiere reconocer a tu Hijo, nuestro Señor Jesús, como único Salvador. Se apoyan en políticos embusteros, en brujas, magos y la nueva era, donde terminan muy mal. Porque, en lugar de abrir el corazón al bien, lo abren al mal.

La angustia, la desesperación, la depresión, el miedo, que sembró el diablo tentador, muchos están recogiendo sus frutos. Pisa su cabeza y no permitas que más hijos tuyos se pierdan.

Por eso nos agarramos de tu mano, Madre; caminamos bajo tu manto, en tu Inmaculado Corazón, para esperar a Jesús, el Mesías. Porque Adviento es siempre, todo el año, puesto que esperamos la venida de nuestro Rey, que vendrá y nos llevará con Él.

Tenemos que vivir vigilantes, sin distraernos con luces estrafalarias por las calles, sino con el alma iluminada por el Espíritu Santo. Fue Él quien sembró la semilla en tu seno, Madre de la Esperanza, y así quiere hacer con nosotros, llenándonos de gozo y paz, regalándonos dones y carismas para ponerlos al servicio del prójimo.

Porque vivir alegre no es hartarse de comer y beber, sino encontrarse con tu Hijo, Jesucristo, Amor de los amores.

Contigo, Madre mía, quiero vivir lleno de esperanza, porque aquí estamos de paso, somos inmigrantes en tierra extraña, porque somos ciudadanos del Cielo. La enfermedad llegará, el dolor me visitará, los obstáculos y las pruebas no faltarán, la hermana muerte vendrá cuando menos la espere; por eso necesito de ti, mamá, porque contigo nada he de temer.

Enséñame y transmíteme tu esperanza, porque, siendo una joven y durante toda tu vida, confiaste en la Voluntad de Dios Padre: cuando Gabriel te visitó, cuando Jesús Niño se perdió en el templo, cuando hacía milagros y le perseguían, cuando murió por amor en la Cruz; ahí estuviste, sabiendo que todo es posible para Dios.

¡Oh Virgen de la Esperanza, nuestro consuelo y guía, concédenos la gracia de la esperanza en tiempos de prueba! ¡Ayúdanos a prepararnos para la venida de nuestro Señor Jesús, con la paciencia y fe con la que tú, Madre, esperaste! ¡Todo tuyo, María, para ser todo de Jesús!

Amén

¡TE AMO TIERNAMENTE, HIJO MÍO!

Esta mañana, como cada día, rezaba el Rosario y me agarraba de la mano de María, porque ha sido un fin de semana algo complicado físicamente. Pero hoy ha querido mimarme, consolarme, darme unos cariñitos, y susurraba a mi corazón para compartir contigo, porque me parece que puede ayudar a más de uno:

«Hijo amado, todo lo que te hace sufrir está en mi Inmaculado Corazón. Tu dolor, tu sufrimiento, no me son ajenos. No temas, porque soy tu Madre. Ven y deja tus preocupaciones en mis tiernas manos. Cuando parece que estás solo y que todos te han abandonado, a tu lado estoy, como hice con Jesús, nuestro Señor, en la Cruz.

Quédate conmigo, bajo mi manto, en mi regazo. ¿Has visto cómo llega el arcoíris después de la lluvia cuando sale el sol? Así está tu alma cuando rezas y caminas a mi lado. La paz llega siempre; solo tienes que rezar y confiar.

No pierdas la calma y toma mi mano, que te llevaré hacia la fuente de agua que has de beber; te acercaré a mi

Hijo, para que aprendas de Él la obediencia a la Voluntad de Dios Padre, para que abraces la doctrina de la Cruz.

Esa tribulación por la que pasas solo es una enseñanza para que alcances la santidad. No te turbes ni te quebrantes, porque a tu lado estoy, hijito mío. Ningún sufrimiento es inútil cuando lo ofreces; deja de mirarte y vuelve tu mirada a mi Hijo, nuestro Señor Jesús.

Te conduciré en cada uno de tus pasos. ¡Te amo tiernamente, hijo mío! Los ángeles no pueden sufrir; por eso, alégrate de ser instrumento en las manos de Dios Padre.

Cada vez que tienes alguna preocupación, en lugar de buscar la solución, corre a entregármela, que yo me encargaré. Tú fuiste elegido no para ser grande, sino para ser el más pequeño a los ojos del mundo.

Por eso, sigue alabando, adorando, agradeciendo en todo momento; conserva el gozo, la sonrisa, sabiendo que las contrariedades contribuyen a tu purificación. No pierdas nunca la esperanza, porque cada prueba es un escalón hacia el Cielo.

Entrégame todo, conságrate a mi Inmaculado Corazón para que seas todo de Jesús, nuestro Señor».

Amén

MADRE NO HAY MÁS QUE UNA

Ayer, en la adoración, agradeciendo por todo su amor y misericordia, por su perdón y paciencia conmigo, caí en la cuenta de que fue nuestro Señor Jesús quien me presentó a su Madre, la Santísima Virgen María. Porque, si Ella nos lleva, nos acerca a su Hijo. Él también nos presenta a su Madre, la comparte con nosotros, porque no se guarda nada para Él, todo lo da sin esperar nada a cambio. Incluso Él mismo se nos da.

Aun sabiendo de nuestra pereza espiritual, inconstancia, quejas y miedos, no cesa de hacernos regalos; por eso nos entrega también al más preciado que tiene: su Madre, la Virgen. Porque quien ama no hace daño, vive para el prójimo, se entrega hasta dar su vida. Y ¿no es eso lo que hacen las madres? Que hasta se quitan el pan de la boca para que no les falte nada a sus hijos.

Y cuando crecemos y empezamos a hacer nuestras vidas, nos olvidamos de ellas, con la excusa de nuestro trabajo, de nuestras cosas, de nuestra familia... y, si hace falta, la dejamos aparcada como un coche averiado en una residencia para que otros la cuiden, porque no tenemos tiempo para ellas.

Mi mamá tiene Alzheimer y yo disfruto cada día con ella, también con mi papá, que no se ponga celoso por no escribir de él. ¡Si tienes todavía a tu mamá, respétala, quiérela, por más que se le olviden las cosas! La vida pasa, tu madre se va marchitando como la flor; por eso hay que regarla con amor.

¿No puedes un domingo ir a comer con ella y prefieres ir al fútbol? Pues un día te faltará y derramarás lágrimas echándola de menos delante de un frío mármol en el cementerio.

Durante mucho tiempo, cuando me fui por el mundo de las drogas, la hice llorar, que se pasara noches enteras en vela esperándome. Por eso Jesús, nuestro Señor, me presentó a su mamá, para que comprendiera y viviera el valor, la ternura y el amor maternal de una madre.

¿Qué les importan a ellas una plancha, una escoba o una sartén nueva que le regalas en su cumpleaños? A las madres lo que les importa son sus hijos, tener unos buenos hijos.

¡Vayamos todos con flores a María! Reza el Rosario cada día, que son esas las flores que más le gustan a María Santísima.

Amén

BENDITA TÚ ENTRE LAS MUJERES

¡Bendita tú entre las mujeres, María, y bendito el fruto de tu vientre, Jesús! ¿Quién soy yo para que me visite la Madre de mi Señor? Porque en cuanto llegaste, mi alma saltaba de gozo.

Porque contigo, Santísima Virgen María, todo se vuelve de colores, todo es alegría y gozo, aun en medio del sufrimiento y el dolor, porque me llenas de paz.

Permíteme, Reina mía, que hoy te acompañe y vayamos a visitar a nuestros hermanos que más necesitan de tu consuelo, llevándoles la Buena Nueva. Que el Mesías prometido viene, ya está cerca, llegará para traernos paz y amor, y, con un abrazo, a todos nos acogerá.

Es tu seno, Madre bendita, el sagrario, el altar, la cuna, el templo, el tabernáculo donde nacerá Jesús, nuestro Señor.

¡Vayamos por el mundo llevando esta alegría que llena el corazón! Te visitó el arcángel Gabriel y lo primero que te dijo fue: «¡Alégrate!». Pues eso quiero compartir con todos mis hermanos, que también son hijos tuyos: la alegría que nos trae tu Hijo, nuestro Señor Jesús, en Navidad.

Porque Él da sentido a todo, hasta al dolor y a la enfermedad, porque no se queda solo en el pequeño portal de Belén; su luz llega a todos, su misericordia, su perdón.

Él quiere nacer, ser parte de nuestras ajetreadas vidas. Que todo lo hagamos con Él, hasta las pequeñas cosas que pensamos insignificantes.

La felicidad que todos los humanos buscamos y anhelamos tiene un nombre: ¡Jesús de Nazaret!

Y hoy domingo podemos recibirle con devoción, en la boca. Porque, siendo Dios, se hace el más pequeño en una Hostia, que el sacerdote, también pecador como yo, con sus manos acuna y nos acerca.

Acógelos a todos los curas bajo tu manto maternal, Madre mía, para que todos vivan con esta alegría, enamorados de Jesús Eucaristía.

Vayamos juntos a visitar a esas madres que, engañadas, quieren acabar con la vida de sus hijos en su vientre. Hay muchísimas madres que no saben ni lo que hacen y terminan con la vida de sus bebés.

Así como cuidaste a Jesús, Hijo de Dios, y nada le faltó, ayuda y acompaña a estas madres y a sus niños, para que puedan verlos nacer.

Y a este hermano que lee atento, Madre de la alegre espera, bendícelo con tu ternura maternal y llénalo de paz.

Enséñanos a confiar siempre en la Voluntad de Dios Padre y, aunque no la entendamos, aunque lo trastoque todo, es lo mejor.

Y así como acaricias a nuestro Señor Jesús en tu vientre, como le cuidas y proteges, como le amas, hazlo también con nosotros, dándonos a beber la dulce leche del Espíritu Santo que se posó sobre ti y haga su nido en nuestras almas, recibiendo dones y carismas para salir y servir a todos nuestros hermanos.

Amén

GUADALUPANO

Ya sabes que tengo espíritu franciscano, que llevo el escapulario de la Virgen del Carmen, que soy mariano, enamorado de Medjugorje, pues también ¡soy guadalupano! Es la primera que veo cada día al abrir los ojos en mi habitación: Ntra. Sra. de Guadalupe. ¡Qué hermosa es!

Hoy quiere acogernos a todos bajo su manto maternal y nos recuerda: «No temas, ¿no estoy yo aquí, que soy tu madre?». Tú, mi hijito más pequeño, enfermo, torpe, diles a todos cuánto os amo.

Los tiempos que vivimos no son tranquilos; navegamos en zozobra. El miedo y la angustia se han apoderado de mucha gente. ¡Estamos en guerra! Pero viene Ella a traernos la paz, al Príncipe de la paz, que llene nuestros corazones de esperanza, de alegría y se vayan nuestras tristezas.

¿Acaso no estuvo María al pie de la Cruz junto a su Hijo Jesús? Pues así también está con el enfermo que ya no puede más, con el que le faltan fuerzas para seguir viviendo, con quien perdió la ilusión y ya no le quedan ni lágrimas que derramar; con quien perdió algún familiar y se lo arrebató la hermana muerte; con las madres que, ansiosas, esperan a sus hijos que salieron de fiesta y no vuelven.

Allí, en el Tepeyac, vino esa joven morenita, en ese cerro donde antes se habían celebrado actos de idolatría, hasta ofrecer vidas a dioses paganos, sangre inocente derramada. Como ahora hacen en esos abortorios donde quitan la vida a bebés inocentes y rasgan las almas de esas madres que ya no volverán a ser las mismas.

Ella cambió la vida de Juandieguito y la de muchos mexicanos; también cambió la mía. Solo hay que dejarse arrullar por Ella, acurrucarse entre sus tiernas manos y dejar que nos cuide.

Ella protege a nuestra Iglesia, por más que soplen vientos de tempestad, y la mantendrá a salvo del diablo. Esa misma tilma donde plasmó su imagen hermosa es la misma que quiere tatuar en nuestros corazones y que la llevemos por todo el mundo.

Su Inmaculado Corazón, su amor maternal, derrite la justicia de Papá Dios por nosotros. Porque la Virgen quiere que seamos todos de Ella, para que pertenezcamos todos a su Hijo, nuestro Señor Jesús.

¡Nos postramos hoy a tus pies para pedirte la paz para el mundo, para nuestras familias, parroquias y corazones! ¡Viva Ntra. Sra. de Guadalupe y que viva Cristo Rey!

Amén

ANUNCIACIÓN

¡Qué caballero es nuestro Padre Dios, qué cortés! Él, siendo supremo Hacedor de todo, ¡nos trata tan tiernamente, nunca nos obliga a nada! Había escogido a la Virgen María Santísima desde la eternidad, sabiendo que daría su sí. Y también sabía que hoy compartiría contigo estas torpes palabras y que un día llegarían a tu corazón.

Porque también con nosotros usa esta elegancia. Él no insiste, sino que nos deja libres, aun sabiendo cómo somos. No fuerza nada. Simplemente que, si le decimos no a su voluntad, nos veremos privados de ser felices y, ya en el purgatorio, caeremos en la cuenta de nuestro tiempo perdido.

Porque nuestro Padre es Dios de lo imposible, pero también de lo sencillo; somos nosotros los que complicamos las cosas intentando comprenderle. Ni en nuestra imaginación podíamos haber pensado que elegiría a una pequeña niña hermosa de Nazaret, que daría a luz al Salvador, haciéndose carne en sus entrañas, nuestro Señor Jesús, el Mesías prometido. ¡Porque Papá Dios siempre cumple sus promesas!

Llega un ángel y no la sorprende, porque no estaba ensimismada mirando el móvil ni aburrida: estaba orando en silencio. Y pregunta: «¿Cómo sucederá esto si no conozco varón?». No se muestra desconfiada, sino que busca respuestas, con fe y confianza. No como nosotros, que lloramos y pataleamos cuando las cosas no nos salen como pensamos y queremos al instante.

«El Espíritu Santo vendrá sobre ti...», responde el arcángel. No tratemos de pensar en nuestras cosas mientras rezamos el Rosario, sino saboreemos estas palabras dirigidas a cada uno de nosotros: «El Espíritu Santo está contigo y conmigo», y repetimos los Avemarías como si fuera una alabanza a nuestro Padre Dios.

Porque nosotros, que somos sus hijos, como niños queremos que se nos repitan las mismas cosas que nos hacen sonreír, como cuando sale el sol cada mañana o la luna cada noche, porque nuestro Padre Dios nos bendice también en la diaria monotonía.

Solo se necesita un simple sí para que se haga en nosotros según su Palabra, sin reservas, sin excusas, sin ponerle frenos.

Y ya que nuestro Señor Jesús se alimentó de su leche materna, aprendió a caminar y hablar con ella, fue quien le lavaba cuando se ensuciaba, le curó las heridas, quien le remendó los retales de su ropa, quien le hacía de comer, quien le amaba siempre.

Vayamos a su Corazón Inmaculado, caminemos de su mano, bajo su manto maternal, para recibir de ella todas las gracias que el Espíritu Santo nos quiera regalar.

Amén

LA SENCILLEZ DE MARÍA

Como buen español, he dormido un ratito la siesta; después he rezado el Rosario y ahora reflexiono contigo sobre nuestra Madre, María Santísima.

Porque mi relación con ella no es con alguien lejana que está en el Cielo, siendo Reina y Señora de todo lo creado. Ella es para mí madre cercana, a quien le cuento todas mis cosas y que, en todo momento y lugar, está acompañándome y cuidándome con su ternura maternal.

¡Qué buena es, qué hermosa es! ¡La más bella y pura! Porque ella es también un ser humano como tú y como yo, pero que está en la Gloria junto a su Hijo, nuestro Señor Jesús.

Era una pequeña joven sencilla y humilde de Nazaret. No era una influencer como quieren ahora tantas jóvenes. Ella, siendo Madre de Dios, pasaba desapercibida. Lavaba la ropa y cocinaba como una más. Remendaba los descosidos al bueno de san José cuando alguna túnica se le estropeaba en el taller con la madera. Iría a la fuente a por agua y, cuando se encontraba con las vecinas, no chismorreaba, porque estaba en oración constante.

Imagínate que, hasta viendo a su Hijo Jesucristo, colgando de una cruz, con una muerte tan cruel, callaba y oraba. Porque es en las pequeñas cosas del día a día donde podemos encontrarnos con Jesús, nuestro Señor, y no buscarle en cosas extraordinarias, sino cuando hacemos las labores, cuando trabajamos y también cuando descansamos.

Así, en el silencio de la oración, podremos escuchar los susurros e inspiraciones del Espíritu Santo y guardar tantas cosas en el corazón como hacía ella. No buscó Papá Dios a ninguna erudita, a ninguna famosa, sino a la más sencilla de corazón.

Ella dijo sí a la llamada de Dios Padre, pero a nosotros nos cuesta confiar y abandonarnos por completo a su Voluntad. ¡Ponemos tantas excusas! En lugar de hacer como ella y decir nuestro: «hágase en mí según tu Palabra».

Supongo que ya sabrás que no soy de sacarla en pasos días señalados, pues yo la llevo en el corazón día tras día. Todo católico debería hablar con ella sobre su Hijo, nuestro Señor Jesús, para que nos enseñe a amarle como solo ella sabe.

Porque recuerda que ella le llevó durante nueve meses en su seno virginal, ella le amamantaba, le cambiaba los pañales, besaba sus heridas cuando tropezaba y se caía. Le enseñaría a dar sus primeros pasos, le ayudaría a ponerse las sandalias.

¡Vayamos todos a ella, acurruquémonos entre sus tiernas manos y caminemos bajo su manto! Porque ella es más fuerte que cualquier ejército de la tierra y siempre nos defenderá contra el mal.

Ruega por nosotros, Santa Madre de Dios, para que seamos dignos de alcanzar las promesas de nuestro Señor Jesucristo.

Amén

FLORES DE MARÍA

Érase una vez... en un lejano reino donde la madre del Rey era la más hermosa del lugar. Todo el mundo la elogiaba por su belleza, pero también por su cercanía, humildad y sencillez con todos los plebeyos. Caminaba entre ellos como una más.

Pero su Hijo murió y ella quedó en el castillo por un tiempo. De pronto, todas las flores de la comarca marchitaron, los árboles se secaban, los pájaros morían al no encontrar un sitio donde anidar. Hasta el cielo se volvió gris.

Pero su séquito, al ver tanta tristeza, acudió a ella, rogándole que volviera a salir para que trajera alegría y paz a todos. La reina salió jubilosa y todo volvió a relucir; el país volvió a recobrar su gloria.

Esto es un cuento, una novela que escribo para que llegue a tu corazón. Porque la Santísima Virgen María es dicha Reina. Antes de expirar, nuestro Señor Jesús nos la deja como Madre nuestra: «Mujer, ahí tienes a tu hijo. Y tú, ahí tienes a tu madre».

¡Somos hijos de María! ¡Qué algazara, qué honor: la Madre de Dios es también tuya y mía! Y nuestro Señor Jesús nada le niega.

Caminar de la mano de María, aprender de ella, es señal de predestinación. Porque quien camina bajo su manto no se perderá nunca.

Seamos nosotros este jardín, esas flores que necesitan de su cuidado maternal. Porque a veces estamos sin color, mustios, sin fuerzas; nos falta el agua del Espíritu Santo.

Pero la Santísima Virgen María, que es hortelana en el huerto del Paraíso, cuidará nuestras almas con sus delicadas manos para que sean hermosas y puedan florecer en el vergel del Cielo y, como girasoles que vuelven su mirada hacia el sol, hagamos tú y yo por toda la eternidad, adorando y alabando a nuestro Padre Dios, que está sentado en el trono, junto a su Hijo, nuestro Señor Jesús, y al Espíritu Santo.

¡María, Madre de Dios y mía, cuida de nosotros, enséñanos a crecer en santidad, en fraternidad, amándonos como hermanos! ¡Riega tú nuestras almas y enséñanos a acoger los dones y carismas, todas las gracias que nos llegan por tus tiernas manos, y ponerlas al servicio de nuestros hermanos!

¡Que sea yo, Madre mía, esa rosa, esa flor que llevas muy cerca de tu Inmaculado Corazón, que cuidas y mimas con tu amor maternal!

Amén

CÓNCLAVE

Ayer, como siempre, el Espíritu Santo me hizo «cómplice» de su amor. No quiero entrar en detalles por respeto a la otra persona, pero siempre llega sorprendiendo y rompiendo patrones que creíamos controlar.

Pues espero que ya sepas quién es su fiel colaboradora, tanto, que hasta podemos llamarla su esposa. ¡Claro, la Santísima Virgen María! Ella es bienaventurada, llena de gracia.

Jesús no estuvo en la vida de la Virgen solo, sino con el Espíritu Santo, que es inseparable de Él. Porque en las cosas de Dios todo se hace en equipo, en comunidad, en fraternidad, en familia.

Por eso, hoy especialmente vamos a rezar, pedir, suplicar, por intercesión de María Santísima, para que el Espíritu Santo sople fuerte sobre la Iglesia católica, en la que nuestro Señor Jesús es la cabeza y tú y yo los miembros de su cuerpo.

Que descienda impetuoso como hizo en el primer cónclave, en Pentecostés, donde todos fueron llenos del Paráclito divino. Que ardan los corazones de los purpurados cardenales con luz y discernimiento, apartando todo egoísmo y soberbia. ¡Todos al servicio de la Iglesia!

Porque María es Madre y también Pastora de las almas, y nos enseña, nos alienta, nos consuela, nos aviva a salir de nuestra comodidad y sembrar el Reino en todos los corazones, para que triunfe la paz.

Porque no somos huérfanos. ¡Vayamos todos con flores a María! Ella es el faro, la estrella que guía la barca de la Iglesia. Así nosotros caminamos de su mano, bajo su manto.

Necesitamos de su ternura maternal en estos tiempos oscuros. Su dulce Corazón traspasado late en sintonía con el sufrimiento de la humanidad. Ella, que tuvo a su Hijo moribundo entre sus manos, ahora extiende sus brazos maternos sobre el mundo herido de muerte.

¡Sea Ella nuestro refugio! A ti nos encomendamos, Madre del sí, para que la Iglesia salga renovada, restaurada, con este nuevo nombramiento papal y que triunfe tu Corazón Inmaculado.

¡Todo tuyo, María! ¡Todo tuyo, Jesús!

Amén

MADRE DE DIOS

Madre de Dios y madre mía, empezamos un nuevo año en este valle de lágrimas, caminando de tu mano, bajo tu manto. Vengo a venerarte hoy, mamita María, porque eres el motivo de mi alegría.

En cada imagen donde te miro, con esos ojitos llenos de amor, mi alma se embelesa. ¡Qué regalo me hizo tu Hijo, nuestro Señor Jesús, desde la Cruz, al dejarte como madre! ¡Qué gran dicha tenerte como madre, qué gozo despiertas en mi corazón!

Madre del Dios humanado, que, estando en el Cielo, quiso venir en tu seno para salvarnos, y así te hiciste madre mía también. Madre del Salvador y del salvado. Madre del pecador y de Jesús, nuestro Señor, que nos rescata.

Por eso te eligió, madre mía, porque tienes un corazón tan dulce que a todos nos acoges. Cuánto tiempo perdido caminé yo por valles oscuros, entre drogas y alcohol, entre vicios. Y solo sabía llorar, no sabía sonreír.

Pero llegaste tú, madre mía, y dibujaste una sonrisa en mis labios con tu cercanía, con tu amor maternal. ¡La más hermosa y bella, mi madre, María! Me llamaste con una voz tan suave, tan delicada, que se evaporó la tristeza.

Abriste tus manos, bajo tu manto me cobijaste y, desde entonces, soy tu niño mimado. Desde entonces ya no puedo portarme mal, teniéndote como madre.

Si supieran todos lo que es que me mires y sonrías, que me abraces, que me ames... Porque caminar de tu mano es vivir el Cielo. Contigo todo es consuelo, aun entre dolores espantosos. Todo es paz, aun entre la guerra más cruenta.

¡Porque eres Madre de Dios y no hay nada que te niegue tu Hijo Jesús! Escucha a tu pueblo, no dejes que se pierdan más hijos tuyos; llévanos, madre amada, guíanos bajo tu manto.

Estamos cansados, nos fallan las fuerzas en este desierto, porque el maligno ha sembrado el odio y mucho rencor. Necesitamos de ti, madre de Dios y nuestra: guárdanos, protégenos, defiéndenos, llévanos ante tu Hijo.

Enséñanos a ser pacientes y humildes, pobres de corazón. Ahí, en ese pequeño portal, queremos adorarle, ser un pastorcillo que canta alabanzas a su Rey. Ser el buey o la mula que, de rodillas, obedientes y en silencio, adoran y aman al Salvador.

Permíteme, madre mía, que lo coja yo un ratito, que lo abrace y que lo comparta con los demás, que a todos llevemos la esperanza, la paz y el amor.

Ampáranos, madre nuestra, bendícenos y llévanos a todos en tu Inmaculado Corazón.

Amén

INMACULADA

María Santísima, Madre mía. Será por la edad, pero hoy no puedo dormir bien, así que aprovecho para hablar contigo. ¡Gracias, Mamá, porque siempre estás dispuesta a escucharme!

Ha llegado el Adviento y supongo que, como cualquier mujer, andarás más nerviosa sabiendo que bien pronto darás a luz al Emmanuel. Por eso quiero estar contigo, a tu lado, acompañarte en este tiempo de espera. Hacer como tú: confiar, abandonarme por completo a la Voluntad de Dios Padre, sin ponerle excusas. Decir como tú: «hágase tu Voluntad en mí».

Déjame que te acompañe, porque hay tantos que solo piensan en divertirse, en juergas y borracheras. Ya sabes que también era yo así antes: ¡pobres de ellos, que no saben cuánto nos amas!

No tengo experiencia en esto del parto, pero permíteme que ponga mi mano en tu barriga para escuchar cómo late el corazón de tu Hijo, nuestro Señor Jesús. Se nota que anhela salir, porque da algunas pataditas. Ha dibujado una sonrisa en mi cara al escucharle y mi alma se ha llenado de gozo. ¡Seguro que es bello, porque no hay Madre más hermosa que tú, María!

Hoy repito lo que me dices tantísimas veces en mi vida: «todo irá bien, no temas». Porque ¡qué difícil será sacar adelante a un bebé en estos tiempos, donde prefieren asesinarlos en el vientre de sus mamás antes que ayudar a los padres!

Pero tú has elegido la Vida con tu sí fiel. No te has echado atrás a pesar de las dificultades y obstáculos. ¡Cuánto tengo que aprender de ti, mamita María, de esa obediencia y humildad!

Porque, ¡qué responsabilidad!, ni más ni menos que la Madre del Mesías. Pero tú eres Virgen, Pura e Inmaculada, vacía de todo y llena del Espíritu Santo. Y no te cohíbes, no te amilanas, no te escondes, como hago yo ante los sufrimientos.

Porque tú, María, sí que sabes amar, y no yo, que voy juzgando a los demás. Y te miro, niña hermosa de Nazaret, tan pequeña, y me miro tan miserable queriendo tener el control de todo.

Por eso necesito que me enseñes, junto a nuestro Redentor, a ser santo, cuando también nazca en mi corazón.

¡Concédeme la gracia, Virgen Santísima, de la humildad y la obediencia, de la confianza y la paz del corazón! ¡Quiero que seas tú, mamita María, mi ejemplo y guía; acompáñame a prepararme, vigilante en la oración y alegre en la esperanza, para salir al encuentro de tu Hijo, nuestro Señor Jesús!

Amén

CARTA A MAMÁ EN FÁTIMA

Si mal no recuerdo, te he escrito varias cartas en Medjugorje. Pero esta te la doy en tu casita de Fátima.

Querida mamá, no quiero hoy enrollarme con mis cosas, pidiéndote tareas sin parar; hoy solo quiero darte gracias y decirte lo mucho que te quiero. A ver si soy capaz, porque las lágrimas se asoman ya...

Sabes que soy hombre de pocas palabras, reflexivo, y que lo mío es escuchar. Pero aquí me tienes, escribiéndote palabras que quizás hasta me cueste pronunciar. Porque no sabría explicar tu ternura maternal, tu cercanía, tu amor de madre con este tu hijo pequeño y débil.

Perdona por esos años en los que ni sabía que estabas, que existías, porque solo pensaba en mí. Pero fuiste tú, madre amada, quien me llevó, quien me acercó a Jesús, nuestro Señor, y a su Iglesia.

Fuiste quien me dio la mano cuando caído estaba en el pozo de la desesperación, cuando nada tenía sentido. Llegaste y todo lo pintaste de colores. Limpiaste mis heridas, consolaste mi corazón desgarrado y me presentaste a tu Hijo, que con amor me perdonó, me sanó, me abrazó.

Y desde ese momento me «adoptaste». ¡Soy todo tuyo, María! ¡Cuánto me gustaría irme contigo y verte cara a cara! Caminar de tu mano entrando en el Paraíso, con tu dulzura, la más hermosa, mientras observo a los ángeles que fieles caminan a tu lado y... ¡ver a Jesús, nuestro Señor! ¡El más Santo, el más bello de los hombres! ¡Gloria siempre a Él!

Mientras te escribo, vienen a mi mente tantos ratos que hemos pasado juntos. Y es que, antes de que te pida algo, te adelantas a mis necesidades. En las largas horas en el hospital, eras tú, mamá, quien a mi lado estaba, quien me llenaba de paz.

Esa vez que el tentador me quería cazar de nuevo con sus redes y me dijiste: «Eres mi ovejita, así que sigue en el redil, no te salgas del corral, que yo cuidaré de ti».

Cuando me pesa demasiado la cruz, ahí estás tú, Madre. A tu Corazón Inmaculado me consagré y cada cierto tiempo la renuevo. Pero hoy quiero hacer algo especial por estar aquí contigo.

Pues, como hijo tuyo, estoy llamado a vivir en coherencia la fe católica. A ti me consagro, con todo lo que tengo y lo que soy; todo te lo doy. Enséñame a decir sí.

Tómame en tus brazos, abrázame, escóndeme en tu Corazón Inmaculado para que el diablo no me haga daño. Renuncio a Satanás y a todas sus seducciones. Acompáñame cada día en el camino de la conversión y en la lucha contra el pecado. No me dejes nunca.

Te quiero mucho, mamá. ¡Todo tuyo, María! ¡Todo tuyo, Jesús!

Amén

¡GRACIAS MAMÁ!

La familia es la base de la sociedad, por eso el diablo y sus secuaces intentan destruirla. No soy digno de ser cura ni monje, pero tengo el don de escuchar a la gente. Ni te imaginas lo que comparten con este pobre pecador: luchas exteriores e interiores de muchas personas, cosa que agradezco por no ser yo ningún erudito.

Porque puedes manifestarte vestido estrafalariamente a favor de los homosexuales y del aborto, que la mayoría te aplaudirá, hasta te felicitarán; pero que no se te ocurra decir socialmente que vas a Misa, que rezas el Rosario y mucho menos que te confiesas con un cura que es igual de pecador que tú y que yo.

Pues hasta aquellas personas que piensas que son felices, cuando te abren el corazón, sientes cuánto dolor, cuántas dificultades afrontan día tras día.

¿Qué podemos hacer ante tanta cultura de la muerte? ¡Vayamos todos con flores a María! Porque el hogar de Nazaret no estaba en una nube, alejado de los problemas. No le salió todo a pedir de boca a María Santísima, nuestra Madre; por eso, vayamos de su mano para que nos acompañe en las pruebas de la vida, para que no perdamos la esperanza.

Espero que a estas alturas no seas de esos que no saben qué pensar, qué hacer, qué sentir... ante la Santísima Virgen María, tenga el apellido que tenga. Esos que la tienen como una joya preciosa en un cofre, una imagen que venerar. ¡Pobres de ellos!

Porque María se arremanga cada día contigo y conmigo, con cada uno en particular. La Virgen es una persona real que cada día está dispuesta a defenderte, protegerte, ayudarte, cuidarte, sanarte, consolarte, auparte... porque no está estática, está activa en cada vida de los que la invocan con devoción, de los que la aman.

¡Porque María es Madre de Dios, pero también tuya y mía! Nuestro Señor Jesús nos la regaló desde la Cruz.

Por eso, madrecita mía, María, ven en nuestra ayuda, porque el diablo anda suelto. Pisa su cabeza y no dejes que nos haga más daño. Junto a san Miguel Arcángel, comanda y envía ángeles a nuestros hogares, trabajos, pueblos y ciudades que nos protejan y defiendan del mal, para que triunfe tu Corazón Inmaculado y reine la paz.

¡Gracias, mamá!

Amén

AMOR MATERNAL

Hace unos días, hablando con mi querida hermanita, me comentaba que había asistido a un triduo en honor de la Virgen del Rocío y cómo sentía algo muy especial en su corazón, y le decía que eso es el amor maternal de la Virgen, y que, así como nuestro Señor Jesús tenía sus predilectos, como Juan, su discípulo amado, también María tiene sus niños mimados.

Y tú y yo somos de esos, soldados de su ejército privado. Ojalá que todos los que la veneran descubran en las palabras de Cristo desde la Cruz: «He ahí a tu madre», la invitación de acogerla en nuestros corazones, de recibirla en nuestros hogares como una más de la familia.

Porque el discípulo amado somos tú y yo. ¡Vayamos todos con flores a María! Aceptemos la invitación del Maestro y que la Santísima Virgen María sea nuestra Madre, porque ella nos lleva a su Hijo.

Tenga el apellido que tenga (Cinta, Montserrat, Fátima, Rosario, Guadalupe, Dolores, Soledad...), en santuarios esparcidos por toda la tierra.

¡Viva María! Recurramos a ella, atraídos por su ternura maternal, porque por su intercesión descubriremos a Jesús, nuestro Rey, nuestro Bien, encontrando refugio en su Corazón Inmaculado.

Es bueno tener una imagen de nuestra Madre en el hogar que nos ayude a pensar en ella y a dirigirnos a ella con más fervor. Entre nuestras ajetreadas vidas, dejemos espacio a nuestra Madre del Cielo y hagámosle el regalo de rezar el Rosario, que son cincuenta rosas llenas de cariño para ella.

Honremos a María imitando su servicio y su humildad con nuestro sí a la voluntad de Papá Dios. Caminemos tras sus huellas, de su mano, bajo su manto maternal.

Supliquemos su intercesión y que nos enseñe a amar a Jesús como solo ella sabe hacerlo. Y que un día, cuando llegue la hermana muerte, con ella, unidos a los santos y los ángeles, cantemos alabanzas a Dios, Padre, Hijo y Espíritu Santo.

Amén

ASUNCIÓN DE MARÍA A LOS CIELOS

Hoy la Iglesia católica está de fiesta, y seguro que también en el Cielo, porque celebramos la Asunción de María. Y son muchas las advocaciones que hoy celebran su día como patrona, pero siempre es la misma Madre.

Porque las madres nos recuerdan, y hasta insisten, siempre que nos llevemos bien entre los hermanos y nos queramos mucho. La vida nos irá distanciando, podemos pensar de maneras distintas, pero, mientras viva la madre, todo hijo tiene una cita pendiente en el hogar.

Así tendríamos que hacer todos los cristianos: un día para estar con Mamá.

En estos tiempos tan oscuros que nos ha tocado vivir, que no es que nos haya tocado en una tómbola o en la lotería, sino que Papá Dios nos ha escogido a cada uno como eligió a su Madre, la Santísima Virgen María, es de agradecer que nos haya preferido entre tantos millones en el mundo, donde se está perdiendo el sentido de la vida, la fe y la esperanza.

En el fragor de esta lucha, se eleva María al Cielo como signo de victoria contra el dragón. Necesitamos caminar, luchar con el Rosario en la mano para que triunfe su Corazón Inmaculado.

Porque María Santísima brilla entre la bruma como un faro que nos señala a su Hijo, nuestro Señor Jesús, Camino, Verdad y Vida. Ella, que alcanzó la meta, nos señala, nos ilumina la vereda al Paraíso.

No nos cansemos de mirar al Cielo, para contemplar a María, para suspirar por las cosas de arriba, para anhelar la vida eterna.

Caminemos de su mano, bajo su manto. ¡Qué mejor compañía que la de María! Sea Ella el estandarte en nuestras luchas y el bálsamo en nuestros sufrimientos.

¡Santísima Virgen María, enséñanos a amar, alabar, adorar y servir al Cordero de Dios, fruto bendito de tu vientre, oh clementísima, oh piadosa, oh dulce Virgen María!

Amén

VIRGEN DEL PILAR

Virgen Inmaculada, Dios te escogió como Madre y el pueblo español como patrona. Nos visitaste en Zaragoza y quisiste quedarte en el Pilar.

Madre de España, Virgen de la Hispanidad, a ti te veneraron reyes y doncellas, te honraron los padres de la patria, los más valientes que hubo en la historia de la humanidad, y siempre recibieron tu bendición y ternura maternal.

Hoy te confiamos lo que somos y tenemos: nuestros hogares, escuelas y universidades, iglesias y ermitas, fábricas y oficinas, el campo, la ganadería y el mar.

Protégenos de toda guerra, de terremotos y huracanes, de tsunamis y desastres. Defiéndenos de gobernantes corruptos, de regímenes totalitarios, de políticas en contra de la vida y la familia, del comunismo.

Tú, que pisas la cabeza de la serpiente tentadora, no permitas que se pierda ninguno de tus hijos.

Has conocido la estrechez de la pobreza en Belén, las amenazas de la persecución y la huida al destierro, la inquietud de la peregrinación a Jerusalén, la angustia de la noche del Jueves Santo, los tormentos del camino del Calvario, la soledad al pie de la cruz. Por tanto, sabes de lo que estamos sufriendo en estos momentos tan turbios.

Y como por ti llegan todas las gracias, danos el consuelo y la calma en el alma, el ardor y el entusiasmo en el corazón; danos la paz que solo tu Hijo, nuestro Señor Jesús, nos puede dar.

Eres tú nuestra esperanza, porque en todas las circunstancias supiste corresponder completamente a la voluntad de Dios Padre. Tú eres nuestra esperanza, porque el mismo Cristo nos confió a ti en la hora de la cruz, porque tú eres verdaderamente nuestra madre.

Te pedimos que cuides de todos tus hijos como cuidaste a Jesús. Confiamos en ti como un niño confía en su madre; llévanos hasta tu Hijo: ayúdanos a seguirle hasta el fin, para que nuestra esperanza no sea defraudada.

Amén

CARMELA

Érase una vez... una familia que se había ido de vacaciones a un pueblo de Asturias. Hacía muchísimo frío; incluso llegó a nevar en sitios más altos de ese municipio.

Entre la chiquillería, celebrando a la Virgen del Carmen, una de sus hijas, de tan solo tres añitos, se descuidó y, distraídos, se les escabulló jugando entre la gente. No la encontraban y se aterraron, porque los padres suelen ponerse siempre en lo peor.

Pero el párroco del pueblo les instó a encomendarse a Nuestra Señora del Carmen, patrona del lugar. La policía y la Guardia Civil, junto con sus perros adiestrados, y todos los vecinos quisieron apoyar a la familia.

Ya llevaba varias horas y el miedo se apoderaba de todos. Pero un grupo de fieles, con el cura y sus papás, llegó cerca de un precipicio, en un acantilado, y la encontraron agachada. Con el relente que hacía, la pequeña seguía sonriendo y decía no tener frío.

Simplemente dijo: «Una mujer con un delantal me ha cuidado, llevándome de su mano. ¡Qué guapa es!».

Al día siguiente, ya todos más tranquilos, fueron a Misa para darle gracias a Dios y, estando en la capilla, la niña cogió de la mano a sus padres mientras les decía, señalando a la Virgen del Carmen: «¡Esa es la mujer, esa es la señora que ayer me protegió!».

Cuántas veces me habrás librado del mal, madre mía del Carmen; cuántas veces, andando sin sentido, perdido por el mundo, me habrás rescatado.

Como dice la copla: «A tu vera, siempre a la verita tuya, hasta el día en que me muera».

Caminando de tu mano, bajo tu manto. Porque somos hijos tuyos, quien te reza y también quien no te tiene en cuenta, aquellos que navegan sin rumbo por el mar de la vida.

Presérvanos del mal, de las olas de la muerte, y acompaña a todos los que naufragaron a entrar en el Paraíso.

Madre, permite que hoy te llame coloquialmente Carmela, fiel capitana del barco de nuestra Iglesia; hincha de fe y esperanza nuestras velas.

Virgen del Carmen bendita, sé nuestro faro, nuestra brújula, nuestra estrella; guíanos al puerto seguro de tu Hijo, Jesús, nuestro Señor, para alabarle y adorarle por toda la eternidad.

Amén

EL SÍ DE MARÍA

¿Has caído en la cuenta de que, cuando alguien nos pregunta, hablamos de nosotros, de cómo nos sentimos, del trabajo, la familia, la salud..., pero muy pocas veces de Dios?

Me imagino a la Santísima Virgen María, que el primero era su Hijo Jesús en sus pensamientos y en su alma pura, hablando sobre Él.

Solemos decir que le amamos, que es nuestro Rey, que lo adoramos, que lo alabamos, pero... llega un problema, una enfermedad, una pérdida y nos turbamos.

Deberíamos hacer como la Virgen: hacernos uno con Él, para que nuestro futuro, nuestras dudas, nuestros sufrimientos sean uno: ¡los suyos!

María es nuestro modelo de santidad. Cuando Jesús Niño se pierde en el templo, la Virgen no se queda llorando y pataleando, sino que fue a buscarlo. Eso deberíamos hacer tú y yo ante los disgustos de la vida.

Ella nos enseña la fe y la esperanza en todo momento y lugar, incluso en la Cruz, en ese madero santo donde

Cristo nos la entregó; por eso la Santísima Virgen María tiene un lugar especial en nuestras vidas.

Hagamos lo que Él nos dijo: «Ahí tienes a tu Madre». Los hijos podemos adoptarlos, pero, en este caso especial, nosotros adoptamos a María como nuestra Madre del Cielo.

Recemos el Rosario siempre, porque es como agarrarnos de su tierna mano. Cuando nos fallen las fuerzas, cuando pasemos por la tribulación, Ella nos trae la calma al corazón, la paz en el alma.

Papá Dios la eligió por su pequeñez, humildad y sencillez; entonces la gran pregunta: ¿por qué nos eligió a ti y a mí entre tanta gente del mundo, siendo miserables pecadores? ¡Qué gran misterio!

Pero recuerda lo que el ángel le dijo: «No temas, María, porque para Dios no hay nada imposible». Esto es también para nosotros.

Ella creyó y dijo sí. ¿Qué dices hoy tú?

María, ya que todas las gracias nos vienen dadas por tus manos, regálanos todo aquello que nos falte para ser santos y amar a Jesús, nuestro Señor, como lo haces tú.

Amén

SIEMPRE DE TU MANO, MADRE

Pensaba no escribir esta mañana porque, al haber pasado mala noche, me faltan las fuerzas. Pero creo que le debo tributo hoy a nuestra Madre, María Santísima, por ser primer sábado de mes.

Y es que, para mí, los sábados son días especiales, como cuando celebras el santo o el cumpleaños de alguien de tu familia a quien quieres mucho. Pues así son para mí los sábados, porque me siento tan arropado, abrazado, cuidado, amado... por la Virgen Santísima que mi corazón está colmado de paz y mi alma salta de gozo, como cuando Ella visitó a su prima Isabel.

Porque lo importante en Ella no es Ella misma, sino su Hijo, nuestro Señor Jesús, ante quien intercede, a quien nos acerca y nos enseña a amarle.

Porque Ella fue elegida por su humildad, su pureza y sencillez, porque el Espíritu Santo la invadía por completo. Así, en cada momento de su vida, hacía la Voluntad de Dios Padre.

No soy consciente de si alguien la ve sonreír también como yo en algunas imágenes, si siente su olor celestial, tan dulce y delicado que entra hasta el alma. Pero no me quedo con esas cosas, que, aun siendo extraordinarias, son sentimientos, sino con su amor y su ternura maternal.

Porque cuando me visita el dolor o la tribulación, la llamo raudo y, al momento, está acompañándome y consolándome. Porque María todo lo hace fácil. Siempre trae solución cuando surge algún problema, siempre dándome ánimos y alentándome en el sufrimiento.

«¡No tengas miedo, hijito amado, que estoy contigo!».

Es Ella como la vasija que transporta el vino más rico y bueno: el sagrario, la zarza ardiente, el altar, el tabernáculo, la tierra sagrada, el cáliz y el copón, la tienda de la reunión, porque es Ella quien nos trae a Dios hecho hombre, Jesús, nuestro Señor.

Bendita es entre todas las mujeres y bendito el fruto de su vientre, Jesús. ¿Quién como Dios? ¡Nadie como Dios! Y, ¿después de Dios? Nadie como María. ¡Viva María! ¡Viva Jesús!

Es Ella a quien me encomiendo cada mañana al despertar. No es lo primero que agarro el móvil, sino el Rosario, para así caminar de su mano.

¿De cuántas me habrás librado, verdad, Mamá? Porque son tantas veces las que anduve perdido por el mundo. Pero a nadie dejas desamparado, ¡todos cabemos bajo tu manto! Siempre de tu mano, Madre, en tu Corazón Inmaculado.

Y hoy que comenzó marzo, di al bueno de san José que también nos eche una mano y un día lleguemos a ser santos.

Amén

DIOS TE SALVE, MARÍA

Érase una vez... en un pequeño pueblo del cual no recuerdo su nombre, la Virgen Santísima se apareció a unos niños. Invitaba a rezar el Rosario para que la paz reinara en el mundo y que cada día volvieran al mismo sitio y a la misma hora. A uno de los niños le gustaba mucho jugar a baloncesto; era fiel seguidor del equipo de la capital. Entonces pensó que al día siguiente iría al partido y rezaría cuando tuviera algún momento. Así fue: caminando para ver el partido, rezando tres Avemarías, pues no le daba tiempo a más.

Al día siguiente fue, y la Virgen Santísima de nuevo se apareció a los chiquillos. Pero con este en particular, en lugar de criticar su conducta, en lugar de reñirle, con su ternura maternal, le dijo sonriendo: «Hijo mío, reza el Rosario cada día y yo cuidaré de ti. Gracias por la pequeña oración de ayer, porque tres almas salieron del purgatorio».

Desde ese día, el pequeño reza cada día el Rosario completo, es decir, quince misterios: Gozosos, Dolorosos y Gloriosos. Y la Virgen, como le había dicho, cuida de él maternalmente. ¡Vayamos todos con flores a María!

Ayer recé el Rosario con una amiga y quizás muchas cosas de las que ofrecimos no las veamos. Pero el Rosario son como balas de artillería, porque hasta el infierno tiembla cuando decimos: «¡Avemaría!». El santo Rosario es más poderoso que cualquier arma nuclear de las que tanto pavonean algunas naciones. Por eso es tan bueno rezarlo.

Además, cuando lo hacemos, María nos sonríe, pero también Jesús, nuestro Señor. Pues el Rosario es caminar de la mano de la Virgen por la vida de Jesús, nuestro Señor, meditando qué grande, maravilloso y extraordinario es su amor por nosotros.

Luchemos cada día con los Avemarías. ¡Pum! Bomba para el feo tentador. Porque sale con el rabo entre las patas con solo escuchar el dulce nombre de María.

Reza y acuérdate de mí en las cuentas del Rosario, que yo te tengo muy presente en las mías. Caminando siempre bajo su manto maternal, de la tierna mano de nuestra Madre celestial.

Dios te salve, María, llena eres de gracia, el Señor es contigo. Bendita tú eres entre todas las mujeres y bendito es el fruto de tu vientre, Jesús. Santa María, Madre de Dios, ruega por nosotros, pecadores, ahora y en la hora de nuestra muerte.

Amén

MARÍA DEL ÁGUILA

Hablemos hoy de María como el águila que cuida y defiende a sus polluelos; así hace Ella contigo y conmigo. Nos enseña a volar, a buscar el Cielo y no quedarnos en la tierra, sino a buscar la santidad.

Es Ella quien nos alimenta, quien nos dio a su Hijo, que cada día se entrega en cada Eucaristía con su cuerpo y sangre. Y cuando venga la serpiente reptando, intentando hacernos daño, acabar con nosotros, Ella nos auxilia y nos protege dentro de su nido: la Iglesia católica de su Hijo, nuestro Señor Jesús.

Vivimos ahora en un árido desierto, donde las tinieblas han descendido sobre el mundo; la inquietud y la incertidumbre hacen mella en nosotros. Por eso, tenemos que volver a la inocencia de cuando éramos niños, humildes, confiados en mamita María, caminando siempre de su mano.

Y hoy nos dice: «Espabilad, despertad, almas dormidas, amedrentadas, escondidas; salid y volad alto, vivid en libertad, la que da el Amor».

Marchemos todos con alegría y esperanza, con gozo y paz en el alma. ¡Vayamos todos con flores a María! Adornemos nuestros corazones con colgaduras de buenas obras, engalanados con el fuego del Espíritu Santo, haciéndolos hermosos para que viva en ellos nuestra Madre, la Santísima Virgen María.

Hagámosle un nido en nuestras almas, para que sea la Reina quien gobierne nuestras vidas. Porque donde vive Ella, vive también su Hijo, Jesús, nuestro Señor.

No hay que insistir mucho para que venga en nuestra ayuda; no necesita que estemos repitiendo vanas palabras, sino humildad y confianza ciega.

Sigamos intentando volar con las gracias que nos regala, hasta que alcancemos el Cielo prometido. Que alguna vez que otra caeremos, pero ahí estará Ella para alentarnos, limpiar nuestras heridas y animarnos para que el soplo del Espíritu Santo mueva las alas de nuestras almas y lleguemos a ser santos.

Amén

MARÍA NIÑA

Estoy con una de mis sobrinas pequeñas y, al salir a la calle, se agarra con su tierna manita a la mía. ¿No es eso lo que hacemos también cada día tú y yo con nuestra Madre, la Santísima Virgen María, cuando rezamos el Rosario?

Porque buscamos seguridad ante los obstáculos y peligros, buscamos certeza ante las dudas y miedos, buscamos paz ante la tribulación y el sufrimiento.

Cuántas veces sentí su consuelo ante el dolor y la enfermedad; cuántas encontré la calma ante la adversidad. Me he agarrado de su mano en capillas, habitaciones y salas de espera de hospital, a solas junto a Jesús en el Santísimo Sacramento del Altar, caminando al amanecer o sentado en algún banco del pueblo, entre el bullicio y en soledad, entre amigos y familia, en novenas y romerías, en la salud y en la enfermedad, en el desvelo de la noche, ante el féretro de algún familiar... pues en todos, me he sentido reconfortado, como si caminara de la mano de mamita María, junto a su dulce e Inmaculado Corazón.

Por eso no dudes en contarle todo y consagrarte a Ella. Mira a María en los altares, esplendorosa, llena de amor maternal que derrama sobre nosotros, la pequeña niña de Nazaret.

Pero si observas con detenimiento, caerás en la cuenta de que en todas las imágenes está con su Hijo, ya sea en sus brazos o en su seno. Por eso, cuando mires a la Virgen Santísima, cuando le pidas, cuando la honres, lo estás haciendo también con Jesús. Y Él sonríe al saber que es su madre la que viene en nuestra ayuda.

No podemos mirar a María sin pensar en la unión entre naturaleza divina y humana, porque fue Ella el primer Sagrario, Templo del Espíritu Santo. Y eso quiere contigo y conmigo: que desaparezca nuestro egoísmo, nuestra soberbia, nuestro pecado; que seamos, que nos hagamos nada, para que nuestro Señor Jesús lo sea todo en nosotros.

¡Vayamos todos con flores a María! Ruega por nosotros, Santa Madre de Dios, para que seamos dignos de alcanzar las promesas eternas de nuestro Señor Jesucristo.

Amén

MARÍA, LA MADRE MÁS CERCANA

Recuerdo cómo antes la mayoría de la gente de mi pueblo rezaba el Rosario, cómo se reunían para hacer novenas, triduos a la Virgen. ¡Todos con flores a María!

Pero hoy, en el tiempo que se suponía más cercano por los móviles y redes sociales, resulta que vivimos cada uno en nuestra burbuja, sin que nadie nos moleste ni molestando a nadie.

Cuando ocurría alguna catástrofe, algún accidente, ante las guerras, alguna pandemia, todos a rezar el Rosario. Ahora lo que hacemos es mirar el móvil, esperando que alguien busque soluciones.

Solo hay que dar un paseo por todas las ciudades de nuestra nación española para observar cuántas ermitas, cuántas iglesias fueron construidas en honor de María Santísima, cuántas hermandades, corporaciones o cofradías, cuántos monasterios y conventos fueron levantados en terrenos que antes eran yermos y baldíos.

Porque, cuando algo se hace por la Virgen María, no se dirige a ella misma, sino a que nos acerque a su Hijo, nuestro Señor Jesús.

El vínculo entre una madre y su bebé comienza en el momento de la fecundación; el amor y la ternura nacen en el seno materno. El bebé conoce a su mamá por su olor; por eso, cuando le abraza, le acaricia, le besa, le canta, el bebé sonríe y queda en paz.

Así es María Santísima contigo y conmigo: con Ella estamos en calma y alegres. Porque donde se planta a nuestra Reina y Señora, todo florece a su alrededor, todo se vuelve de colores, y los cardos, las espinas, la cizaña desaparecen con su amor maternal.

Si perdiésemos la devoción, la veneración, el fervor, el cariño hacia María Santísima, se secaría el río de gracias que fluye de sus manos hasta nosotros. Si la estrella más brillante desapareciera del cielo, la oscuridad ocuparía su lugar.

Por eso, ama mucho a la Virgen María, sea con el apellido que sea: Carmen, Rocío, Cinta, Montserrat, Guadalupe, Gospa... y reza el Rosario cada día.

Pon a la Virgen como guarda y protectora de tu hogar y, cuando salgas o entres, confíale todo lo que hay en tu corazón. Conságrate a Ella.

Siempre de tu mano, bajo tu manto, María.

Amén

DULCE NOMBRE DE MARÍA

Érase una vez que nuestro Padre Dios veía cómo los hombres estaban tristes, les faltaba alegría, y compuso una melodía, ¡la más bella!

Tomó cuerpo de mujer y, como hermosa planta, floreció, respondiendo con un sí a la llamada del Creador. Como buen director de orquesta, la adornó con sus mejores notas.

Ella, pequeña y graciosa, hermosa niña de Nazaret, tomó el nombre de María. Para sonar al compás de toda la creación, al ser una canción nueva, cuyo nombre era María, le agregó notas de fe, esperanza, sencillez, disponibilidad, humildad y ternura.

Así, por su cercanía, sus hijos, los peregrinos en este valle de lágrimas, se alegraban al cantar tan dulce canción. Al decir «¡María!», todos sonreían y sus corazones se llenaban de gozo.

Ella se hizo fiel servidora, tocando al ritmo de su Hijo Jesús: el Mesías, el Salvador, Verbo encarnado, Cordero inmolado, canción hecha carne en el seno de María, reuniendo todas las notas sagradas, llenas de caridad, para poder concebir la canción más esperada, que a todos nos redimió.

Allí, en un pobre pesebre, vino a nacer la canción que todos esperábamos, la balada que nos despertaba cuando quedábamos dormidos, que puso paz donde había guerra, amor donde reinaba el odio.

Los ángeles bailaban junto a serafines y querubines al contemplar al Niño Dios. Y cada día Ella nos sigue trayendo, nos sigue acercando ante su Hijo, Jesús, nuestro Señor.

¡Dulce Nombre de María, la más bella melodía!

Pero hay tantos en el mundo que no la quieren escuchar, que cierran sus oídos y sus corazones a la canción que ella nos regaló: Jesús, nuestro Señor.

Hoy la Santísima Virgen María nos abre su Inmaculado Corazón, nos regala sus notas, su letra, nos brinda un gran concierto que todos deberíamos oír, porque solo así aprenderemos a escuchar, a cantar, a bailar con la armonía del Amor, la canción del Padre Dios, a su ritmo, todos alabar y adorar.

¡Madre mía, ven en mi ayuda, atiende a mi súplica; cuando el enemigo coloque trampas para tentarme, defiéndeme cuando clame a ti con el Dulce Nombre de María!

Amén

NTRA. SRA. DEL ROSARIO DE FÁTIMA

El infierno tiembla cuando decimos: ¡Avemaría! Nuestra Señora del Rosario de Fátima celebramos hoy. ¡Qué hermosa es!

Allí donde te encuentres, conságrate a su Inmaculado Corazón. Los sacerdotes con sus parroquias, cada matrimonio, cada familia, cada pueblo y ciudad, cada nación, cada uno en particular, niños y jóvenes, los ancianos, los enfermos y agonizantes, el bebé en el vientre de su mamá... porque el triunfo de su Corazón Inmaculado llegará por medio de la conversión de nuestros corazones.

Prometió la Virgen en Fátima que triunfaría, pero no será con guerra, sino con la paz en nuestros corazones. Por eso sigue insistiendo: «Orad, orad, orad, volved a la oración».

Porque cuando rezamos, cuando alabamos a nuestro Señor Jesús, cuando le adoramos, le dejamos el control.

Ama mucho a María y su Hijo, nuestro Señor Jesús, te sonreirá. Porque Él no se enfada si amamos mucho a su mamá, no siente envidia ni celos, por más que la amemos.

¿Acaso tú te enojarías al ver lo bien que tratan a tu madre? Te sientes agradecido cuando respetan a tu madre. Pero sí que nos sentimos tristes cuando alguien habla mal o desprecia a nuestras madres.

Acojamos a la Virgen en nuestros hogares, trabajos, comunidades y grupos eclesiales. Si una mamá de la tierra es cariñosa y tierna con sus niños, imagina a María contigo y conmigo, que tanto nos ama.

Bienaventurados somos al tener a María en nuestras vidas, que nos cuida, protege, defiende y nos ama maternalmente.

¡Vayamos todos con flores a María! ¡Aparta de nuestras vidas los peligros, el miedo y la angustia, todo pecado! ¡Haznos dóciles como tú a la Voluntad de Dios Padre!

¡Bendícenos hoy, Madre, Reina del Rosario de Fátima, cúbrenos con tu manto maternal, llévanos de tu mano ante tu Hijo, Jesús, nuestro Señor!

¡Nuestro Rey, nuestro Salvador, nuestro Dios! ¡Gloria siempre a Él! ¡Bendita tú, María, y bendito el fruto de tu vientre, Jesús!

¡Viva María! ¡Viva Cristo Rey!

Amén

MAGNA MARIANA

Que me perdone Sevilla, a la que quiero, pero nací y viví en Huelva, y mi corazón es choquero. Cuna de descubridores, tierra de gente trabajadora y humilde, estirpe de cantaores. La mar y el sol son su bandera.

Hoy se celebra una magna mariana. Le regalamos flores, súplicas y oraciones, piropos y aclamaciones. Todos a una, porque Ella a todos nos mira igual, a todos nos quiere igual. No mira nuestros bolsillos ni clases sociales.

Donde se cantarán sevillanas y fandangos, tocaremos las palmas y armaremos jaleo, donde veneraremos a la Santísima Virgen con sus 24 apellidos. Porque aquí se vive la fe así, la que nos dejaron nuestros mayores: unos que hoy disfrutarán y otros que ya están gozando en el Cielo.

Desde toda la provincia han venido a visitar a la Virgen de la Cinta, nuestra Virgen chiquita, como la llamamos con cariño. El simpecado, el estandarte de todas las hermandades, todas diferentes, pero a la vez iguales, porque todas portan a María Santísima, pero con distinto título.

Las Reinas de Huelva, pero sin olvidar que a quien seguimos es al Rey, Jesús, nuestro Señor. Porque ella hace lo que dice el Rey. Ya nos lo recordaba con aquel: «Haced lo que Él os diga».

Hoy celebraremos por todo lo alto y es algo histórico, pero el protagonista sigue siendo Aquel que ella llevó por nueve meses en su seno, quien vive en el Sagrario las 24 horas del día esperando que vayamos a visitarle y regalarle unos minutos de nuestro tiempo.

Por eso, al comulgar, no echemos en el olvido este horno reluciente en que fue este Pan cocido. Pues Dios, para darse en comida, en este Pan celestial, tomó la carne escogida de María, concebida sin pecado original.

Amén

MARÍA, MADRE DE LA ALABANZA

Caminemos hoy con María, Madre de la alabanza. ¡Ensalcemos, honremos, cantemos, glorifiquemos con nuestras palabras y obras al Rey, Jesús, nuestro Señor! ¡Bendito y alabado sea por siempre!

Porque fuimos creados para alabar, adorar y servir a Dios. ¿Por qué esperar a llegar al Paraíso si ya lo podemos hacer en espíritu y verdad? ¡Alabemos en todo momento y lugar!

Porque, así como el árbol que lo mueve el viento a su antojo, en días apacibles o en tormentas impetuosas, nunca se queja ni pone excusas, hagamos tú y yo con el Espíritu Santo que habita en nuestros corazones.

¡Alaba Tú en mí, adora Tú en mí, oh Espíritu Santo, Dios, porque yo no sé hacerlo; actúa Tú en mí!

Así, junto a María Santísima, cantemos nuestro Magníficat, agradeciendo por las maravillas que hace Dios Padre en nuestras vidas.

¡Vayamos todos con flores a María! Porque la alabanza es abandonarnos en las manos de Papá Dios, sin preocupaciones, confiando en que Él se encargará de todo.

La alabanza es sanadora y liberadora, porque ahí descargamos nuestras pesadas mochilas de sufrimientos. En la alabanza ponemos a Dios en su lugar, en el primer lugar, centro de todo, y toma nuestros corazones heridos y nos restaura llenándonos de vida.

Te digo por experiencia que muchas veces estoy roto, atribulado, triste, sin ganas, y he comenzado a alabar al Señor Jesús, y no pasan dos minutos cuando llega, empujando la pesada roca que me oprimía, y la angustia que me embargaba desaparece.

Y esto no es magia ni suerte, sino por obra y gracia del Espíritu Santo. Y alabas, y sonríes, y el lamento se convierte en baile. Donde había oscuridad, ahora todo es de colores.

Alaba siempre para que el Espíritu Santo derribe las murallas que construimos, para que nos libere de las cadenas de nuestro egoísmo, para que caigan las máscaras que nos colocamos ante los demás.

¡Cantemos todos a una sola voz las maravillas de Dios! Mi alma está llena de gozo y paz, porque mi Padre Dios me da la fuerza para caminar cada día.

Mi vida es una historia de amor, porque nunca se olvida de mí. Cada día me protege, alivia, conforta, me mima... por eso, cada día, junto a María, alabo con un canto agradecido a mi Padre Dios.

Amén

MARÍA, REINA

Hoy estamos de fiesta, celebramos a María, Reina de todo lo creado. Pero hoy, al sentarme a escribir, me siento impotente, como el profeta que, ante el mandato de Dios, confundido, exclamó: «Mira, Señor, que soy un muchacho y no sé hablar».

Cuando pienso: ¿Quién soy yo para hablar de nuestra Madre del Cielo, la Santísima Virgen María? Pero Dios respondió: «No tengas miedo, porque adonde te envíe irás y lo que te diga dirás...».

María es Reina porque fue asociada a su Hijo, nuestro Señor Jesús, tanto en la vida terrena como en la gloria del Paraíso. Ella es la llena de gracia, pero nunca iba pregonándolo; aun sabiendo que era la Madre de Dios, se reconoce como la esclava del Señor. Esa es la humildad que nos enseña hoy.

Todo aquello que tenemos es por gracia de Dios. Imagínate en estos tiempos si hubiera ocurrido cuando el arcángel Gabriel la visitó: hoy saldría en la televisión y en todas las redes sociales. ¿Una mujer virgen será la Madre del Mesías, nuestro Salvador? ¡Toda la gente corriendo hacia Ella para hacerse selfies y vídeos!

Pero Ella, aunque sea Reina, es servidora y vela por cada uno de nosotros, sus hijos. Todos aquellos que nos dirigimos a Ella con devoción, para pedir su intercesión, para agradecerle, para decirle piropos hermosos, especialmente en esos momentos en que lo estamos pasando mal, donde el dolor nos visita cuando le clamamos.

Porque la Virgen no está en un trono inmóvil; Ella está atenta a cada uno de nosotros. A Ella recurrimos confiados, porque no es una Reina de esas con escolta a las que nadie puede acercarse.

¡María, Reina de todo lo creado, hoy te pedimos que seas la Reina de nuestros corazones, de nuestras vidas, de nuestras familias y hogares, de nuestros pueblos y ciudades, de nuestros países y del mundo entero!

¡Todo tuyo, María! ¡Ruega por cada uno de nosotros e intercede ante tu Jesús, acércanos a Él!

¡Protégenos de todos los peligros de cuerpo y alma en este destierro y llévanos de tu mano ante tu Hijo, oh Virgen gloriosa y bendita!

Amén

MARÍA AUXILIADORA

Hoy celebramos a María Auxiliadora. Y, como cada mañana al levantarme, abro las ventanas y puertas de mi casa, y así hago también con mi alma y corazón a Dios, Padre, Hijo y Espíritu Santo.

Pero hoy especialmente me imagino a María Santísima, que, como mujer y madre, entra en nuestras vidas aireando, limpiando el polvo de nuestros cuerpos cansados y agobiados por el devenir de la vida, levantando y barriendo las alfombras donde escondemos nuestras excusas, limpiando cada rincón de nuestro ser con su ternura maternal.

Porque a Ella no le importa la suciedad que llevemos, pero sí que nos prepara para recibir a su Hijo, al Rey, nuestro Señor Jesús. ¡Gloria, honra y honor siempre a Él, Jesús, nuestro Señor!

Supongo que a veces se encontrará cadáveres putrefactos de esas personas que no quieren abrirse al Espíritu Santo, que es como una aspiradora que llega para llevarse todo lo viejo, herido, muerto y nos llena de vida, de gozo y paz.

Porque Ella no se cansa de esperarnos, nos observa, defiende y cuida, como hacen las mamás con sus hijos pequeños, siempre vigilantes.

La Virgen Santísima es auxiliadora de nosotros, sus hijos amados; por eso debemos, tenemos que pedirle que nos eche una mano, como hacemos ante cualquier problema cuando llamamos a nuestros padres, hermanos, amigos, a los que queremos, para que nos ayuden.

¡Vayamos todos con flores a María! Especialmente en estos tiempos de tempestad espiritual, de guerra, de persecución a la Iglesia católica.

¡María Auxiliadora, ruega por el Papa León XIV, por los sacerdotes, especialmente por aquellos que han dejado que se apague la vela del Espíritu Santo y viven agobiados sin cogerse de tu mano!

¡Intercede por nuestros hermanos que son perseguidos por causa de la fe! ¡Suplica por nosotros y nuestras familias, por nuestros amigos y también por nuestros enemigos, y bendícenos hoy, Madre!

¡Auxílianos, Madre, cuando nos veas temerosos ante los problemas y sufrimientos que nos surjan!

¡Dile a Jesús que el vino de la alegría se acaba, que nos faltan fuerzas, danos de tu gracia! ¡Defiéndenos del enemigo y de sus secuaces!

¡Auxiliadora, oh Virgen bella, sé tú nuestra guía, sé nuestra estrella! ¡Acércanos a Jesús y, en la hora de la muerte, llévanos al Paraíso para gozar juntos por los siglos de los siglos!

Amén

MAGNIFICAT

Ayer confesé y, como penitencia, me dijo el sacerdote: «Sigue así, caminando de la mano de la Virgen, y canta tu Magníficat por las maravillas que hace Dios en tu vida, porque ella no sabía lo que le esperaba y alababa a Dios; por eso, haz como ella y alaba a Dios siempre».

Porque las palabras de María rompen los moldes establecidos. Este canto es como un espejo de su alma pura, una alabanza sin alardes literarios y, sin embargo, ¡qué impresionante resulta! Porque las cosas de Dios parten del gozo y terminan en el entusiasmo. El Espíritu Santo siempre llena, nunca vacía.

La alegría de María, como la que sentimos tú y yo con la alabanza, viene de lo alto. No se alegra de su maternidad humana, sino por ser, ni más ni menos, que la Madre del Salvador, del Mesías. No de tener un hijo, sino de que ese Hijo sea Dios encarnado en su seno.

María, la jovencita hermosa de Nazaret, estaba encinta y canta porque Dios la ha escogido. Y nosotros también somos privilegiados entre tantísima gente del mundo.

Por eso tenemos que cambiar nuestra queja, nuestro lamento, en alabanza. Ciertamente que no nos eligió Papá Dios para ser madre de su Hijo, pero sí para acogerle en nuestras vidas y compartirlo con los demás, haciendo el bien, perdonando, amando a todos.

¡Tenemos tanto por lo que agradecer a nuestro Padre Dios y proclamar sus maravillas! Pero las dificultades, las preocupaciones, la frustración, el cansancio... no nos dejan ver; pero Dios sigue actuando, haciendo maravillas discretamente en lo cotidiano.

María, aun siendo la elegida, se reconoce pequeña y frágil, su sierva fiel. Y eso deberíamos hacer nosotros también, aun con nuestros miedos y dudas, seres limitados y dependientes, pero a la vez elegidos, amados por este Dios que hace posible lo imposible.

En la Virgen vemos lo que acontece cuando alguien permite y se abandona por completo a la acción del Espíritu Santo y le cede el protagonismo a Jesús, nuestro Señor, que siempre está llamando a la puerta de nuestros corazones.

¡Señora y Madre nuestra, líbranos de la soberbia y el orgullo que nos apartan de tu Hijo Jesús; enséñanos el camino de la humildad y la mansedumbre!

¡María, Madre del Magníficat, alcánzanos, como don del Espíritu Santo, la alegría que consuela y contagia, que anima y genera gozo, que une y festeja, que alaba siempre, para que desde esta gracia anunciemos las maravillas que Dios hace en nuestras vidas!

Amén

REFUGIO DE PECADORES

Érase una vez... un criminal que estaba sentenciado a pena de muerte. Le visitó el capellán de la cárcel, porque seguía pensando que se lo merecía por todo el mal que había cometido. Le costaba arrepentirse y rehusaba el perdón que le brindaba nuestro Señor Jesús por medio del sacerdote.

Todo parecía inútil. No era capaz de mirar a la cara al cura y, casi sin prestarle atención, estaba mirando una estampa que llevaba con la Virgen del Rosario de Fátima. Exclama entre lágrimas y, agarrando la imagen, le da un beso diciendo: «Esta Señora me acompañará en mi último paseo en la tierra». Se confesó y recibió la absolución.

¡Viva María Santísima! ¡Qué bueno es caminar de su mano, bajo su manto! No hay mejor refugio que su Inmaculado Corazón. ¡Siempre es bueno mirar a la más hermosa, nuestra Reina y Señora!

Nuestros ojos se maravillan al contemplar la creación de nuestro Padre Dios en la naturaleza. Pero, al mirar a la Virgen, la mujer más bella, habrá que esperar a que nos abra el postigo para entrar en el Paraíso, porque su atractivo no es de este mundo: su belleza es el amor.

¿Y por qué pararnos a mirarla? ¿Por qué tanta gente de todo el mundo se detiene a rezar delante de tantas imágenes de la Virgen? Porque María Santísima es Madre de Dios y también tuya y mía. Por eso la queremos, la veneramos y nunca nos cansaremos de mirarla.

Porque, para ser buen cristiano, ¡qué mejor que ser mariano! No tengas miedo de amar mucho a María Santísima y encomiéndate a Ella en todo, conságrate a Ella.

Así, en el día a día, le mostraremos cuánto la queremos: con un Avemaría sencillo, llevando el escapulario o una medalla, con una estampa en la cartera, con una flor o una vela ante su imagen, visitándola en alguna capilla o ermita, rezándole en alguna romería o novena.

¿Que todo eso son tonterías? No dudemos del amor de María, de su ternura maternal y cercanía. No conocemos lo que hay en el corazón de los hombres cuando, llorando, le cantan una Salve o cuando la llevan en volandas en el paso.

Estoy seguro de que nuestra Madre, la Virgen Santísima, se lleva muchos piropos, muchos besos y abrazos. Y, lo haga como lo haga cada cual en particular, salen de esos labios gratitud y confianza.

No te vayas a dormir sin encomendarte a Ella, en cualquier apuro, ante cualquier dificultad, en cualquier necesidad. ¡Qué mejor que caminar de su tierna mano! ¡A nada hay que temer si vamos con María!

Reza cada día el Rosario, dile cuánto la quieres. Y, aunque parezca monótono y pesado, no hay arma más potente en la tierra, que puede hasta detener guerras.

Aprendamos de Ella a llevar a nuestro Señor Jesús en todo lo que hagamos, a amarle como solo Ella sabe. Sea nuestro modelo de santidad, nuestro ejemplo a imitar.

Amén

MARÍA, CAUSA DE NUESTRA ALEGRÍA

Hablemos hoy de María, causa de nuestra alegría. Ella nació con ese júbilo en su alma, porque es Virgen pura e inmaculada, llena de gracia. Vivía cada momento con ese entusiasmo y gozo.

Más te digo: que hasta a los pies de la Cruz, entre lágrimas, al acogernos como hijos suyos, aceptó la voluntad de su Hijo Jesucristo, y a todos nos lleva en su Corazón Inmaculado.

Ella nos comunica a todos sus hijos, miembros de la Iglesia católica, cuya cabeza es su Hijo, nuestro Señor Jesús, dicha alegría.

Si nuestra redención fue un acto de aceptación y entrega del Hijo hacia su Padre Dios, la aceptación de María Santísima fue como Madre del Hijo de Dios. Así que podríamos afirmar que María, al habernos engendrado como Iglesia, es causa de nuestra alegría.

Nuestras vidas no están exentas de pruebas y tribulaciones, de dificultades y dolores. Sin embargo, como María, tenemos que sonreír siempre, sabiendo ser don para los demás, especialmente en estos tiempos tan convulsos.

Porque nuestra alegría viene del Espíritu Santo, viviendo como María, haciendo nacer al Mesías entre todos los hombres.

Ella es causa de nuestra alegría, que nada ni nadie puede robarnos. Porque lo contrario de la alegría no es la soledad, ni el dolor, ni la falta de medios, ni la enfermedad. Lo contrario es la tristeza, es decir, la ausencia de Dios en nuestras vidas.

Por eso hay que alabar a nuestro Señor Jesús en todo momento y lugar, para que no caigamos en el desconsuelo y la desesperanza.

Ante las infidelidades de los demás, ante las burlas y la persecución, ante todo lo que nos hace daño: ¡Vayamos todos con flores a María! Que nunca nos deja, nunca nos abandona, siempre sale a nuestro encuentro.

Porque nos trae y nos da siempre a su Hijo.

María, causa de nuestra alegría, bienaventurada entre todas las mujeres, ruega por nosotros, pecadores, ahora y en la hora de nuestra muerte.

Amén

MARÍA, MADRE DEL AMOR

María es la Madre del Amor; es Ella quien atiende y acompaña a su Jesús en el Sagrario, cuando le dejamos solo y nos olvidamos de Él. El amor de la Virgen Santísima es tierno, profundo, amor de madre.

Imagínate cómo te ama a ti y a mí. ¿Qué no haría por protegernos, para que nos salvemos y lleguemos de su mano al Cielo?

Si tu mamá de aquí te quiere y todo te lo da, hasta se quita el pan de su boca para que nada te falte, piensa en María, que está al lado de su Hijo, nuestro Señor Jesús: ¿qué no hará por nosotros?

Teniendo una madre así, ¿por qué vivimos agobiados entonces?, ¿por qué nos da miedo el futuro y nos desesperamos? Y no vivimos alegres, motivados, con el anhelo de la santidad.

¿Por qué terminamos siempre diciendo: «No puedo más», en lugar de pedir ayuda a mamita María?

Si Cristo dio su Preciosísima Sangre en la Cruz por ti y por mí, atravesado en el costado, las manos y los pies, recuerda que también a María Santísima le atravesó el alma una espada de dolor.

Si allí dijo el Maestro: «He ahí a tus hijos», ¿piensas que ella se quedará de brazos cruzados sin hacer nada? ¡Se puso manos a la obra! ¡Cuánto nos ama la Santísima Virgen María!

Si somos predilectos de su Hijo y nos llama amigos, también somos los preferidos de la Madre. Pertenecemos al ejército de su Inmaculado Corazón, no porque seamos fuertes y aguerridos soldados, sino porque nos acogió allí, en la Cruz, bajo su manto, bajo su patrocinio y cuidado.

¡Somos hijos de María! ¡Todo tuyo, María! Y, luchando perseverantes con el Rosario, vencerá su Corazón Inmaculado.

Sin quererlo, nos persigue a todos lados el feo mentiroso intentando hacernos caer. Por eso, ¿por qué no llevarnos a todas partes a la Santísima Virgen y caminar siempre de su mano?

En el corazón, en nuestros pensamientos, en el escapulario, en la medalla, en una estampa, en el Rosario; siendo una más de nuestra familia, viviendo en nuestro hogar, trabajando con nosotros, rezando junto a nosotros.

Y mirarla, hablar con ella, pedirle consejo, darle besos mientras le decimos cuánto la queremos y dejar que nos abrace, que nos ame con su ternura maternal, llenando nuestras almas de paz.

¡María, mi tierna Madre, dígnate volver tus ojos misericordiosos sobre nosotros, escucha nuestra plegaria desde este valle de lágrimas!

¡Derrama la gracia de la paz en nuestros corazones afligidos, socórrenos y líbranos de las trampas del enemigo!

¡Ruega por nosotros, Santa Madre de Dios, para que seamos dignos de alcanzar las promesas de nuestro Señor Jesucristo!

Amén

ME AGARRO DE LA MANO DE MARÍA

Hoy me agarro de la mano de María Santísima, nuestra Madre, porque es Ella mi consuelo. En el momento del dolor, de la incomprensión, de la persecución, es mi refugio. La mujer del silencio que todo guardaba en su dulce corazón.

La imagino mirando a su Hijo, el Niño Dios, con su rostro hermoso, con ternura indecible, en su misión de intercesora, ayudándonos siempre. Porque Cristo le dejó ese encargo en la Cruz: «Encárgate de ellos, cuida, protege y socorre a tus hijos».

Porque María es la primera discípula que nos acerca a su Hijo, nuestro Señor Jesús, y nos alienta diciéndonos: «Haced lo que Él os diga».

Ella nos invita a comer el Pan, que nos dio horneado en sus entrañas de Madre. Ella nos invita a beber el Vino, Sangre que tomó de su seno.

¿Qué hizo el bueno de Juan? Acogerla en su casa. Eso debemos hacer tú y yo: que sea una más de la familia, que sea la Reina del hogar, de nuestros corazones.

A lo largo de la vida comprobamos que seguir a Jesucristo es un camino con muchos obstáculos. Ya lo dijo Él: «Quien quiera seguirme, que tome su cruz y me siga».

Por eso es tan importante María en nuestras vidas, como faro que nos lleve al puerto seguro. Cobijarse bajo su manto, caminar de su mano, encomendarse a Ella cada vez que empecemos cualquier actividad es tener esperanza segura, aunque fallemos y nos equivoquemos.

Ella, que acompañó a su Hijo en todo momento, también lo hace con nosotros si pedimos su intercesión.

Solo con la obediencia se alcanza a ver el Amor de Dios en todo. Solo con fe y confianza llegamos a ver lo que otros no llegan a ver. Solo con la sencillez y humildad la vista traspasa lo que la inteligencia dificulta.

¡Ayúdanos, Virgen Santísima! Vuelve a nosotros esos tus ojos misericordiosos y, después de este destierro, muéstranos a Jesús, fruto bendito de tu vientre.

¡Oh clemente, oh piadosa, oh dulce Virgen María! Ruega por nosotros, Santa Madre de Dios, para que seamos dignos de alcanzar las promesas de nuestro Señor Jesucristo.

Amén

TIHALJINA

Érase una vez... un joven que tenía como afición correr en bicicleta. Llegaba a hacerse 200 km en un día normal. En lugar de descansar los días que no trabajaba, agarraba su bicicleta y hacía kilómetros y kilómetros. Era como un legado heredado de su abuelo, que había sido profesional.

Un día cualquiera, llovía mucho; una gran tormenta caía sobre él. Casi no podía ver y no divisaba ningún sitio donde guarecerse y descansar. Un conductor patinó durante varios metros y chocó contra otro automóvil. El joven ciclista estaba en medio de todo: cayó de la bici, se partió una pierna por el impacto y tenía los brazos llenos de rasguños y magulladuras.

Quedó en coma durante un mes. Su familia rezaba, pedía, suplicaba, hacían novenas, ofrecían misas... y nunca perdieron la esperanza.

Una mañana, el capellán, como cada día, pasó a verlo y darle la bendición. De pronto, despertó. Todavía adormilado, reconoció a su mamá, que entre lágrimas le abrazó y besó.

Al poco tiempo le dieron el alta, pero seguía sin poder andar por la pierna lastimada. Iba en silla de ruedas. Sonreía, pero la recuperación que quedaba era bastante dura. Tenía que ir a rehabilitación y sin saber si volvería a caminar bien de nuevo.

Sus padres iban a Misa diariamente, pero él, desde su adolescencia, había decidido alejarse de Dios y de su Iglesia.

La convalecencia fue larga, pero volvió a caminar. Hasta volvió a montar en bici.

Sus padres, que seguían insistiendo en que los acompañara a rezar el Rosario en familia, le hablaron de Medjugorje, un pequeño pueblo de Bosnia-Herzegovina, entre montañas. Después de visionar algún que otro testimonio por internet, hablando de aquel sitio y de cómo había allí muchas conversiones, se apuntaron a una peregrinación.

Llegaron y uno de los días fueron a un pueblo cercano: Tihaljina. Y qué grata sorpresa se llevaron, que cuando entraron en el templo, el joven dijo a sus padres: «Esa mujer me cogió en sus brazos cuando tuve el accidente y, cuando estaba en coma, varias veces me habló en sueños diciéndome que no tuviera miedo».

Era la Virgen María, Reina de la Paz.

Desde ese día ya no reza con sus padres, porque se fue al seminario y hoy es sacerdote en una parroquia.

¡Vayamos todos con flores a María, que es nuestra madre, defensora, intercesora y guía!

Amén

MAYO, MES DE MARÍA

Comenzamos el mes de mayo, mes dedicado a María. Y, después de haber rezado como cada mañana, dice a mi corazón que vamos a intentar compartir cada día algo de su Corazón Inmaculado.

Porque nuestro Señor Jesús nos abrió las puertas del Paraíso, nos hizo hijos de Dios Padre y, además, nos entregó a su mamá. Que no es una mujer cualquiera, sino la que llevó en su seno al Salvador, la que con su sí lo cambió todo.

Por eso, acojámosla en nuestros corazones, nuestras familias, nuestro hogar, nuestras empresas, nuestro pueblo y ciudad, en nuestra nación. Consagrémonos a Ella, porque no hay mejor faro: Ella es la estrella que ilumina nuestras vidas, porque nos lleva a su Hijo, que es el Camino.

Porque no hay mejor educadora, ideal de santidad, que nos lleve a Jesús, que es la Verdad. Porque no hay mejor madre que Ella, ya que dio vida al Señor, que es la Vida.

Porque Ella es Reina y Señora de todo lo creado.

Hagamos el propósito de regalarle 50 rosas llenas de amor cada día, rezando el Rosario con devoción. ¡Vayamos todos con flores a María! Verás cómo sonríe a tu alma, cómo te llena de paz con su ternura maternal.

Decía santa Teresa: «En tiempos recios, amigos fuertes de Dios». Pues en estos tiempos tan turbios y oscuros, pero en los que Dios Padre quiere que vivamos, porque confía en ti y en mí para que seamos luz, seamos soldados del ejército de María, sin miedos ni temores, con la esperanza como bandera y la paz como estandarte.

Y recordando de nuevo a la santa, que también decía: «Dios también está entre los pucheros»... que en estos tiempos podríamos decir: «Dios está entre móviles, redes sociales, la ajetreada vida».

En este valle de lágrimas, busquemos día tras día a Jesús de la mano de María, consuelo del afligido, en nuestra bendita monotonía.

De su mano, bajo su manto. Porque nos ama tanto el Señor, que nos quiere muy cerca, junto a su bendita Madre.

Amén

LA VISITA A SU PRIMA ISABEL

Celebramos hoy la Visitación de la Virgen María a su prima Isabel. Porque siempre está dispuesta a salir a servir al prójimo, a evangelizar. ¡Qué poco nos parecemos a Ella! Con nuestras excusas y peros, con nuestros «es que»...

Pero María Santísima, donde habita el Espíritu Santo, adonde va, siempre lleva a su Hijo, nuestro Señor Jesús. Y hoy nos visita a ti y a mí. ¿Cómo es que la Madre de mi Señor viene a vernos?

Ahora, con el calor, me cuesta hacerlo todo más, y esta mañana pensaba, después de rezar: «Qué mejor vitamina, reconstituyente, que rezar el Rosario. Qué mejor coach que María Santísima, qué mejor instructora que caminar de su mano».

Porque la Virgen quiere estar con nosotros siempre, ser una más de la familia, estar en nuestro hogar. Por eso nos trae a Jesús, para que sea el centro, el Rey y Señor de nuestras vidas.

¿Tenemos tú o yo algún mérito o merecimiento para que nos visite la Madre de Dios? Por nuestras acciones, seguro que no. Pero así de tierna es María.

Porque Ella es dócil a la acción del Espíritu Santo, se deja hacer en libertad y dice sí a la Voluntad de Dios Padre.

María, como Madre, es signo de la Iglesia en salida y no de estar escondidos, miedosos, en nuestras sacristías, cómodos en nuestros grupos eclesiales. Estamos llamados a, como María, llevar a Jesús al otro.

Porque la conversión empieza con un sí. Pero enjaulamos al Espíritu Santo y no le dejamos volar libre.

Si de verdad confiáramos en las promesas que se nos regalan, en el plan de salvación que nuestro Padre Dios nos ofrece día tras día, en esos regalos que no vemos y por eso nos cuesta tanto creer... ¡si tuviésemos la fe de María!

En lugar de querer hacer un Dios, una Iglesia a nuestro antojo y medida, todo cambiaría.

¡Vayamos todos con flores a María! Hoy nos visitas, María, como fuiste a Isabel. Llevabas a Jesús en tu seno y hoy nos conduces a Él.

Hoy también nos visitas trayendo en ti la Esperanza, la Alegría, la Paz y el Amor, pues es Dios mismo quien viaja feliz en tu compañía, primer templo y Sagrario: Jesús Eucaristía.

Hoy es el día indicado para hacer nuestro Magníficat: el agradecimiento, la alabanza que manifieste las maravillas que hace Dios en nuestras vidas.

Amén

LA BELLEZA DE MARÍA

Ayer pasé la tarde con un matrimonio amigo y veía en ellos al Espíritu Santo, y pude sentir también el amor de Dios en la fraternidad.

Pero donde se ve la belleza, el esplendor de Dios, es en María Santísima. Después de leer sobre sus apariciones por todo el mundo, reconocidas por nuestra Madre Iglesia, todos los que la veían coinciden en que era una mujer muy hermosa, tan bella que se les hace muy difícil describirla.

Porque es la Madre que ama, la mujer pura e inmaculada. Es la criatura donde el Espíritu Santo fue a poner su nido, preparando la morada para su Hijo, Jesús, nuestro Señor. Es el canal por donde nos llegan todas las gracias.

Cuando vemos alguna mujer hermosa —aunque todas lo sean en realidad, porque Dios creó al hombre, pero con la mujer se recreó— pensamos que está feliz porque vive enamorada de alguien. Pues imagina a la Virgen Santísima, que vive por y para su Hijo, Amor de los amores.

Por eso, la belleza de María es hermosura de amor maternal hacia nosotros, sus hijos amados. Imagina, por tanto, el esplendor de un alma tan inocente, sin pecado.

Por eso no podemos quedarnos en lo atractivo de las imágenes que sacamos en pasos y veneramos. María es resplandeciente porque el Amor habita en Ella. La belleza de la Virgen Santísima trasciende todo lo material, porque su belleza es celestial.

La mujer vestida de sol, con la luna bajo sus pies y una corona de doce estrellas.

¡Cuánto me gustaría parecerme, aunque fuera solo un poco, a Ella! Pero no por lo bello, sino por ese alma limpia, nítida, sin malicia, que no se queja, que no pone excusas, que no tiene pereza a la hora de hacer el bien, de rezar y alabar a Dios, ni se molesta cuando la vida le da un vuelco y le visita el sufrimiento... un corazón capaz de amar a todos.

Porque su hermosura es la unión que mantiene con su Hijo, nuestro Señor Jesús.

¡Vayamos todos con flores a María! Mirémonos en ese espejo de perfección y santidad que es la Virgen.

¡Enséñanos, Madre hermosa, imagen de toda virtud, a ser humildes, sencillos, siempre dispuestos a la voluntad de Dios Padre! ¡Ruega por nosotros y por el mundo entero!

Amén

HIJOS PREDILECTOS DE LA VIRGEN

Hoy escribo, especialmente, para todos los sacerdotes de nuestra Iglesia Católica, hijos predilectos de la Virgen Santísima.

Como tantísimas veces habremos comprobado, María no está distante de nuestros problemas y dificultades, porque es nuestra Madre y nos cuida. ¡No estáis solos! Por eso, no permitáis que se apague la vela, como las vírgenes necias.

¡Vayamos todos con flores a María! Porque es Ella nuestra defensora, protectora y quien intercede ante su Hijo, nuestro Señor Jesús.

Por más que vengan olas fuertes y temporales, por más que la nave de nuestra Iglesia Católica se tambalee, no perecerá si vamos de la mano de María Santísima.

Busquemos su mediación, su intercesión, pero no solo en mayo, mes mariano, sino cada día, con los obstáculos que nos encontremos en el trajín diario.

Creemos una corona de rosas con todos los Rosarios que recemos, que sean besos llenos de ternura hacia nuestra Madre del Cielo.

Allí donde te encuentres, ya sea en el trabajo o en el descanso, en la salud o en la enfermedad, sentado o caminando, agárrate de la mano de María Santísima y átate a Ella con el rezo del Rosario, como el perrito obediente que sigue a su amo.

Invita a tus hijos, sobrinos, a todos los niños de la tierra, a que alcen su voz hacia María, que los observa y cuida con tanta delicadeza.

Porque a Ella, también inocente y pura, le agradan mucho estas oraciones tan sencillas y humildes.

En cada ermita, en cada templo... ¡Vayamos todos con flores a María!

Pidiendo que el Espíritu Santo descienda con sus dones y carismas, que sople fuerte sobre la Iglesia Católica, para que se vayan los miedos y las tristezas y que solo quede paz.

Madre mía, tú que eres pintora, dibuja una sonrisa en mi alma, en mis labios, para compartir con todos tu alegría.

Ruega por nosotros y por el mundo entero.

Amén

SANTA MARÍA

Una hermanita quiere compartir sobre María, la Santísima Virgen. Que es Madre, hija y esposa. Que es Reina y Señora. Es maestra e intercesora. Enfermera y protectora. ¡Es la flor más bella del jardín del Paraíso! ¡Viva María!

Ella nos enseña y guía. En todo el mundo la llamamos con distinto "apellido", pero especialmente está junto a su Hijo, nuestro Señor Jesús. Es ella quien le consuela, le abraza cuando se cometen tantos sacrilegios; cuando sus "niños predilectos", los sacerdotes, cometen algún pecado público; cuando nosotros nos olvidamos de Él y nos enfocamos en cosas mundanas.

Allí está María, junto a su Hijo, aliviando tanto dolor y hablándole de ti y de mí: "Hijo mío, no mires lo mucho que se equivocan, sino mira esos poquitos que he escogido como mi ejército, que luchan con el Rosario en la mano y que un día les daré la victoria cuando triunfe mi Corazón Inmaculado".

Porque la Santísima Virgen camina siempre con Jesús. Cuando en el grupo eclesial hacemos la señal de la cruz, entramos en su presencia; ella viene también a interceder.

Cuando hacemos las peticiones y pedimos por cercanos y lejanos, por todos, es ella quien nos recomienda ante su Hijo.

En cada Eucaristía está también presente la Virgen, junto con los ángeles, serafines, querubines y toda la corte celestial, cantando a una sola voz alabanzas al Rey de reyes y Señor de señores. Y en cada adoración eucarística está arrodillada, como cuando estaba ante la cuna, adorando al único que es digno de toda honra y honor, Jesús nuestro Señor.

Porque María, sobre todo, es Madre y, como tal, nos ama. Cuántas veces le suplico cuando no puedo más en la enfermedad y el dolor, cuando la tribulación me ahoga, cuando no veo luz entre tanta oscuridad, cuando me cuesta levantarme y sonreír.

Ahí está ella siempre, llenando mi alma de consuelo y paz, con su ternura maternal. Como si me abrazara el alma, como si a mi lado se sentara cuidándome, como si de su mano caminara.

Porque, recuerda, que cuando rezamos el Rosario es como el cordón umbilical que nos une a ella y, así, a su Hijo Jesús.

Ella está a tu lado también, viviendo cada instante de tu vida; por eso, no dudes en llamarla y verás su mano detrás de muchos acontecimientos.

Amén

VIRGEN DE LA ESTRELLA

Un año más aquí estamos a tus pies, Virgen de la Estrella. Un año más el pueblo se viste de fiesta para venerar a su Patrona, a su Madre, a su Reina.

El 15 de agosto la llevan los costaleros como marineros que, en la mar, van meciendo su barca. La llevan con cariño y devoción. Yo no puedo ir de costalero; por eso, cada día te rezo el Rosario, que son cincuenta rosas, diciéndote cuánto te quiero.

Paredes blancas y colgaduras en los balcones. Así proclamamos nuestra fe en esta bendita tierra de Chucena.

Sabemos que Madre de Dios solo hay una, que solo una fue elegida para encarnar al Salvador. ¡Ella es María! La mujer que mira de frente, que siempre la tenemos presente, que coloquialmente llamamos la manijera, porque despierta en nosotros esa alegría que solo una Madre puede dar.

Es como cuando el niño recién nacido se encuentra con el rostro de su mamá. Así sonreímos nosotros al verte, tus fieles, tus hijos. Al ver tu hermoso rostro, ¡el más bello! Semblante celestial, faz de guapa andaluza. Esa imagen morena que, aunque tengamos los ojos cerrados, viene a nuestra mente cuando rezamos una Salve.

¡Escúchame, Madre! Aunque tengas puesta la mirada dulcemente sobre los enfermos, sobre los ancianos, sobre cada oración que te hace cada uno de tus hijos, escúchame, Madre.

Porque cada rezo es como un beso que te damos; cada Ave María en el Rosario es una rosa, una flor que te regalamos.

Y no, no es así como dicen algunos malos agoreros, que la juventud ya no te quiere. ¿Cómo no quererte a ti, Virgen Santa de la Estrella, si eres la mejor herencia que pudimos recibir?

¡Qué te voy a contar yo, si tú lo sabes de sobra! Porque oyes nuestros ruegos, cada lamento, nuestras preocupaciones, los afanes y los sueños, nuestras buenas intenciones.

Y otra vez en la novena, todos mirándote, rogándote que nos des tu protección maternal. Porque sé que, aunque te veas quieta en el camarín, estás muy viva en el pueblo y ayudas a cada uno a llevar con fe su cruz.

Vas con esos que cada mañana salen para trabajar el campo, para ganarse el pan con el sudor de su frente. Y hasta aquellos que ya partieron hacia el Paraíso tienen tu imagen, tu retrato, en el mármol del camposanto.

¡Porque siempre nos acompañas, Virgen Santa de la Estrella! Y esos hijos tuyos que cambiaron el pueblo por la ciudad, pero que te llevan grabada en sus corazones.

Antes de despedirme, Madre, aún me falta por decirte cosas que no puedo callar. Eres mi guía, mi ilusión y mi alegría, mi esperanza, timón de mi confianza. La Estrella que siempre brilla, aunque el cielo esté nublado.

Eres brújula en mi vida, faro inextinguible cuya luz siempre perdura, la Madre que, por ventura, Dios nos quiso dejar en Chucena.

Deja, Señora y Madre mía, que bese tus tiernas manos, esas mismas que al mismo Dios acunaron; y déjame, por favor, Reina mía, que, silencioso, a tu lado, toda mi vida pueda yo caminar de tu mano, Madre mía, Virgen de la Estrella.

Amén

PEREGRINACIÓN A FÁTIMA

Vamos camino de Fátima y medito en el autobús. Escribo aquí en el móvil.

La vida es una peregrinación y qué bueno es parar en nuestras ajetreadas vidas. Es decir, pararnos y peregrinar a nuestro interior, a nuestras pequeñas almas, y encontrarnos ahí con quien sabemos que nos ama.

Ahí está el Maestro esperándonos, anhelando que le acompañemos. Cuando en la Biblia se nos dice que se retiraba a rezar, es como tenemos que hacerlo nosotros: entrar en el alma y, como dos enamorados, estar amándonos, a solas con el Amado.

¡Qué bueno es nuestro Señor Jesús! Tenemos que poner de nuestra parte y buscar estos momentos de oración, de intimidad, y peregrinar a nuestro interior. Consolar a Jesús, nuestro Señor, que tantas veces lo dejamos solo. Y amarle por tantos que lo desprecian.

Ahora que estamos a solas, Jesús mío, déjame abrazarte y escuchar los latidos de tu Sagrado Corazón, tan dulce y pequeño que mi alma se embelesa. Porque eres tierno y tan cercano, siendo Dios.

¡María Santísima, enséñanos a estar a solas con Jesús, como hacías tú, y a amarle mucho, como solo sabes tú!

He sentido a María Santísima, por supuesto, como Madre, como el niño mimado de su mamá. Pero también la he sentido como cuando la gente famosa va a salir en la tele: la maquillan, la preparan para que salga hermosa. Como la "maquilladora" que nos presenta ante Dios, pero sin pintura ni máscaras, sino con su amor maternal, que hace que el alma se sobrecoja, se empequeñezca, se haga sencilla, humilde, cercana, para acoger a nuestro Señor Jesús.

Como los entrenadores de cualquier deportista, que entrenan y entrenan para el día de la competición, donde dicen: "este es tu momento, así que da todo lo que has entrenado". Pues así me siento junto a nuestra Señora, la Reina del Rosario de Fátima: "Hijo mío, es tu momento, da todo el amor que te he regalado".

Y aquí estoy, un día más, escribiendo mis torpes palabras, compartiendo contigo una pizca de su amor maternal que ha derramado en mi alma. Gratis lo recibí y gratis te lo doy. Espero que te llegue, aunque sea una chispa de este fuego que hay en mi corazón.

Recibe la bendición maternal de nuestra Reina y Señora, la Virgen del Rosario de Fátima. Aquí, en su Inmaculado Corazón, pongo todas tus intenciones.

Vive alegre, porque a nada hay que temer caminando de su mano. Déjate arrullar, abrazar, acunar por María.

Amén

EL SANTO ROSARIO

Celebramos hoy a Ntra. Sra. del Rosario. Por su intercesión vencimos en la batalla de Lepanto contra los musulmanes que querían desestabilizar Europa. ¿Te suena de algo?

Miles y miles se reúnen en campos de fútbol animando a su equipo y miles también cantando con su artista preferido. Si un ejército así rezara el Rosario, seguro que algo cambiaría en nuestro mundo.

Pero los católicos preferimos vivir acomodados, seguir en nuestras vidas sociales sin que nadie nos moleste. Pero hoy la Santísima Virgen María quiere despertarnos del letargo en el que vivimos y enrolarnos en su ejército mariano, con el Rosario en la mano.

Porque no hay arma más potente que rezarlo diariamente; no hay capitana más valiente que nuestra Madre, la Virgen.

"Hijos míos, el Santo Rosario es un regalo para ustedes. Es un sacramental, un escudo de protección contra los ataques del demonio. Es el arma más poderosa que les doy para que luchen en esta batalla por el triunfo de mi Inmaculado Corazón.

Es, además, un instrumento de gracia, porque, cuando lo usan para rezar, para pedir, para interceder, para agradecer... mi Hijo, Jesús, nuestro Señor, os escucha y atiende, porque en cada cuenta del Rosario ustedes tienen mi intercesión, mi protección, los dones del Espíritu Santo para que libren todas las batallas.

Ante el rezo del Rosario, hijito mío, el diablo no puede nada, porque quien lo reza tiene asegurada mi compañía y la de mi Hijo, Jesús.

¡Rézalo! No solo alegras mi corazón, sino que Dios Padre va moldeando tu alma. El Rosario une a vuestras familias, pero lo tienen que rezar unidos. No lo lleven como adorno o amuleto; el Rosario es para rezarlo.

Es la acción la que da la eficacia al objeto; es un instrumento de fe, pero la fe, sin obras, está muerta.

¡Rézalo y el bien triunfará!

Hijo mío, quiero que seas pequeño contemplando y rezando el Rosario conmigo. Cada Rosario es una ofrenda de amor, una corona de rosas que derrama su perfume, y yo misma la entrego al Padre, junto a mi Hijo, Jesús.

No temas, no se turbe tu corazón por nada. ¿No estoy yo aquí, que soy tu Madre? Te acompaño en cada cuenta del Rosario; rézalo con devoción".

Amén

INMACULADO CORAZÓN DE MARÍA

¡Oh dulce e inmaculado Corazón de María, sed la salvación del alma mía!

A ti, primer Sagrario de Jesús, nuestro Señor, encomiendo mi vida y la de mi familia. A ti me consagro, oh Santísima Virgen María, para vivir bajo tu amparo y protección, para caminar de tu mano, bajo tu manto maternal, escondido siempre en tu Inmaculado Corazón.

Todo lo que tengo y soy, tuyo es, Madre mía, para que todo sea de Jesús.

Oh Santísima Virgen María, mediadora de todas las gracias celestiales, habita en mi corazón y trae contigo a tu Esposo, el Espíritu Santo, el Paráclito Divino, para que mi consagración sea fructífera por medio de los regalos, dones y carismas infundidos por su llegada.

Con el poder de su gracia permaneceré firme en la batalla, fuerte y perseverante, con el Rosario en la mano y entregado en total abandono a la santa voluntad de Dios Padre, siendo tu fiel soldado en la batalla de la vida.

¡Oh dulce e inmaculado Corazón de María, sed la salvación del alma mía!

Cuando la enfermedad me aflija y me duela hasta el alma. ¡Oh dulce e inmaculado Corazón de María, sed la salvación del alma mía!

Cuando me oprima la tristeza y camine por el desierto. ¡Oh dulce e inmaculado Corazón de María, sed la salvación del alma mía!

Cuando la espina de la tribulación llegue a mi corazón. ¡Oh dulce e inmaculado Corazón de María, sed la salvación del alma mía!

Cuando me persigan y calumnien. ¡Oh dulce e inmaculado Corazón de María, sed la salvación del alma mía!

Cuando me fallen los demás. ¡Oh dulce e inmaculado Corazón de María, sed la salvación del alma mía!

Cuando me sienta perdido y en soledad. ¡Oh dulce e inmaculado Corazón de María, sed la salvación del alma mía!

Cuando me fallen las fuerzas y me cueste caminar. ¡Oh dulce e inmaculado Corazón de María, sed la salvación del alma mía!

Cuando el mundo, el diablo y la carne me persigan, intentando hacerme caer para perderme y llevarme al infierno. ¡Oh dulce e inmaculado Corazón de María, sed la salvación del alma mía!

Cuando me visite la hermana muerte y llegue el día en que me acompañes ante tu Hijo, nuestro Señor Jesús. ¡Oh dulce e inmaculado Corazón de María, sed la salvación del alma mía!

Cuando nos presentemos ante el tribunal para rendir cuenta de toda mi vida, llevando el amor que haya sembrado, sed mi abogada defensora y amparadme en ese momento y siempre. ¡Oh dulce e inmaculado Corazón de María, sed la salvación del alma mía!

En tus manos pongo esta súplica para que la presentes a tu Hijo. Haz valer tu amor de Madre y tu poder de Reina.

Confío en tu maternal caridad.

¡Oh dulce e inmaculado Corazón de María, sed la salvación del alma mía!

Amén

MADRE

Una característica de las madres son los cuidados amorosos; por eso se suele decir comúnmente: "se quitan el pan de sus bocas para dárselo a sus hijos".

Las lecciones del amor materno se aprenden en el libro de la vida, cuando se leen en clave de amor.

La Santísima Virgen María, en su condición de Madre de todo lo creado, tiene un cuidado amoroso y tierno sobre cada uno de los hombres, sus hijos. Nadie escapa de la suavísima influencia maternal de María.

Nuestro Señor Jesús nos la entregó como Madre desde la Cruz, y nosotros a veces fallamos, pero Ella cumple con toda fidelidad su misión de cuidarnos maternalmente.

A nuestra Reina y Señora María podemos confiarle todo aquello que nos preocupa y que no siempre comprendemos. Todo lo que pongamos bajo su manto estará a salvo; no hay refugio más seguro.

En el Inmaculado Corazón de María cabe todo lo que nos afecta, por muy pequeño o sin sentido que nos parezca; Ella sabe darle la importancia que se merece.

María hace suyo todo lo nuestro: las travesuras de los pequeños, las inquietudes de los adolescentes, las dudas de los jóvenes, los problemas y dolores de los mayores, la soledad de los ancianos, la insatisfacción de los ricos, los apuros de los pobres... En su Corazón Inmaculado cabemos todos, todos podemos cobijarnos. Y Ella nos acoge con amor maternal.

Fíjate en su humildad: siendo Madre de Dios, también es tuya y mía. Nosotros somos necesitados y limitados, razón por la que la necesitamos todos los días. No podemos prescindir de Ella.

Bajo el amparo de María nos encontramos seguros y llenos de paz, como niños en el regazo materno, en brazos de su mamá.

¡En la duda o en el miedo, en la tormenta o en la calma, ahí estás, Madre mía, vigilando mis pasos para que no vuelva a tropezar!

¡Oh Virgen Inmaculada, dueña del alma mía, acaricia mis heridas con tus tiernas manos, acude en mi socorro, ven y auxíliame, guíame por el camino estrecho de la santidad!

¡Madre, ven y quédate conmigo, abrázame, que necesito de tu amor maternal; dame besitos llenos de paz!

¡Madre mía, María, bajo tu manto llévame; cuida de mi cuerpo y de mi alma, de todo lo que tengo y soy, porque tuyo soy!

¡Bendíceme cuando por la mañana agarro el Rosario para caminar contigo, cuando hago las labores, cuando el dolor, el sufrimiento o la contradicción vienen a probarme, cuando el enemigo tentador quiere seducirme —pisa su cabeza, Reina y Señora mía— y cuando voy a descansar!

¡Bendice a este hijo tuyo que tanto te necesita, Madre buena, en el día y durante la noche, en la consolación y la angustia, en el trabajo y el reposo, en la salud y la enfermedad, y a la hora en que me visite la hermana muerte, hora en que vuelva de tu mano a la casa de Dios Padre!

Amén

MARÍA, REINA DE LA PAZ

Nos dice hoy nuestro Señor Jesús en el Evangelio: "mi paz os dejo, mi paz os doy". Porque la Paz de la que habla es Él mismo. Porque la paz no es ausencia de guerra, sino tener a Dios en el corazón.

Y María, nuestra Madre, es la Reina de la Paz. En las letanías es la última que decimos: ¡Reina de la Paz, ruega por nosotros!

Ayer justo me decía un amigo: "me encanta estar contigo porque transmites paz". Pero no porque yo sea bueno, ni mucho menos santo, sino porque de lo que hay en mi corazón habla mi boca. Porque es Jesús, nuestro Señor, quien habita en mi pequeña alma, y Él es mi paz.

En la Eucaristía se está perdiendo el darnos la paz, cosa que no entiendo. Desde aquí te invito a no cortarte y dar un beso, apretar la mano o un abrazo como signo de paz.

Pero esto de dar la paz a los hermanos se nos hace difícil cuando en nuestro interior estamos en conflicto. Porque la paz no la da cuando gana tu equipo de fútbol favorito, ni cuando te toca la lotería, ni cuando nace tu hijo.

La paz ni se compra ni se vende. La paz es ese sosiego del alma, esa calma donde habita el Espíritu Santo. La paz es quietud y armonía.

En estos tiempos tan convulsos, lo que ocurre es que, si no hay paz, es porque hay muchos que no la tienen en el corazón. Porque la paz es como un árbol que hay que cuidar y que, aunque venga el feo tentador a robárnosla, podremos descansar confiados a su sombra.

¡Porque la paz es vivir en libertad, en el gozo del Espíritu Santo!

¡Vayamos todos con flores a María! Porque la Virgen Santísima vivió toda su vida con esta Paz, porque nunca puso frenos, ni excusas, ni límites a la Voluntad de Dios Padre. Hasta en la horrible Pasión de su Hijo, nuestro Señor Jesús, nunca perdió la paz.

Pues el sufrimiento y el dolor son compatibles con la paz. Y te lo puedo decir por propia experiencia: caminando con María no hay nada ni nadie que pueda robarte la paz.

¡María, Reina de la Paz, ruega por nosotros y por el mundo entero!

Amén

REZAR EL ROSARIO

Imagínate si cada mañana, en lugar de levantarnos quejándonos para ir a trabajar, lo hiciéramos con una sonrisa en los labios. Si, en lugar de discutir con nuestro esposo porque tiró de la manta, le despertáramos con un beso, mostrándole cuánto le queremos.

Porque puede ser que nos falten las fuerzas, que nos cueste responder siempre con amor. Pero ahora que se busca remedio para todo en pastillas y curas paganas, ¡hoy te traigo una gran noticia! No hace falta tomar nada, sino rezar el Rosario todos los días. ¡Haz la prueba!

Sabrás que yo vivía con una gran adicción a las drogas y me curé gracias al rezo del Rosario; esa es mi vitamina de cada día.

Que no estás pasando por el mejor momento, ya sea físico o emocional, reza el Rosario. Puedes decirme: "Es que me quedo dormido, es que me distraigo, es que me cuesta mucho pararme en el ajetreo diario para rezarlo". No te preocupes, empieza y verás cómo la Santísima Virgen María te irá enseñando, educando con ternura y, sin darte cuenta, lo irás haciendo día tras día con devoción.

Por propia experiencia te lo puedo decir: resistir, insistir y nunca desistir.

"Es que lo hago y no siento nada". Es que la fe no son sentimientos; la fe y la esperanza es saberse amados por esta Madre que nunca te soltará de su mano.

"Es que yo rezo directamente con Dios Padre". Es que las gracias que quiere regalarte de su Divina Providencia te vienen dadas por medio de la Virgen.

La cuestión es luchar cada día con esta arma poderosa que tenemos a nuestra disposición. Combatir contra el pecado, contra las tentaciones, contra el mundo y la carne.

Ya sabes que quien es fiel en lo poco también lo será en lo mucho. El que es fiel y reza cada día el Rosario verá bendiciones en su vida.

¿Quieres que el mundo cambie y no sabes cómo puedes echar una mano? Reza cada día el Rosario; así la paz habitará en tu alma, en tu vida y en la de tu familia.

Recuerda que rezar el Rosario no son simples repeticiones aburridas, sino que es caminar por la vida de nuestro Señor Jesús de la mano de María; así los tenemos presentes, siendo Jesús y María dos más en el hogar.

¡Danos esa gracia, María, Madre nuestra, de rezar cada día el Rosario, hasta morir con el Rosario en la mano, hasta entrar en el Cielo de tu mano!

Amén

EJÉRCITO MARIANO

¿Te gustaría apuntarte al ejército más poderoso que hay sobre la tierra? Las tropas de la Santísima Virgen María.

No es necesario recibir instrucción ni apuntarse en ningún cuartel; tan solo rezar el Rosario cada día, que es como un lazo que nos ata a su tierna mano. Es como el cordón umbilical de la Iglesia que nos une a su Corazón Inmaculado.

Así como dio a luz a su Hijo, Jesús, nuestro Señor, quiere llenarnos de vida, de fe y esperanza a nosotros, para que seamos valientes ante las adversidades y obstáculos en el devenir de la vida.

Ella es la capitana más fiel de esta facción mariana, que está compuesta por nosotros, soldados rasos, y por aguerridos oficiales, que son los ángeles que luchan a nuestro lado sin que los veamos.

La batalla entre el bien y el mal que se está librando en estos tiempos es cruenta, porque el diablo y sus huestes están robando la fe a muchos católicos; es por eso que tenemos que permanecer firmes y perseverantes, asidos de la mano de tan poderosa Madre, que nunca nos abandonará, bajo su manto maternal.

Porque donde está María, está Jesús. Así como cuando la visitaban en Nazaret algunos vecinos y hablaban con ella para algún encargo de la carpintería, donde su Hijo, nuestro Señor Jesús, trabajaba afable junto al bueno de San José.

Porque la Virgen, además de Madre, es como la "secretaria" de Jesús. Ella anota todo en su corazón: nuestras plegarias y súplicas, para llevarlas ante su Hijo amado.

El Espíritu Santo vive en ella como la lluvia que penetra en la tierra fecunda, porque vive abierta a sus dones y carismas; por eso todas las gracias nos vienen dadas por su mediación.

María no vive abstraída de nuestras preocupaciones; ella camina a nuestro lado siempre, cuando recurrimos a su poderosa intercesión. Porque en nuestras contiendas Ella nos llenará de paz.

Es ella causa de nuestra alegría y modelo de entrega a Dios.

Luchemos valientes cada día, con el Rosario en la mano, hasta que triunfe su Corazón Inmaculado.

¡Todo tuyo, María, todo tuyo, Jesús!

Amén

VIACRUCIS

FUE POR TI, PORQUE TE AMO

Por la señal de la Santa Cruz, de nuestros enemigos, líbranos Señor Dios nuestro. En el nombre del Padre y del Hijo y del Espíritu Santo. Amén.

Alma de Cristo, santifícame.
Cuerpo de Cristo, sálvame.
Sangre de Cristo, embriágame.
Agua del costado de Cristo, lávame.
Pasión de Cristo, confórtame.
Oh buen Jesús, óyeme.
Dentro de tus llagas, escóndeme.
No permitas que me aparte de Ti.
Del maligno enemigo, defiéndeme.
En la hora de mi muerte, llámame y mándame ir a Ti, para que con tus santos te alabe, por los siglos de los siglos. Amén

Señor mío Jesucristo, Dios y hombre verdadero, Creador, Padre y redentor mío; por ser Vos quien sois, bondad infinita, y porque os amo sobre todas las cosas, me pesa de todo corazón haberos ofendido; también me pesa porque podéis castigarme con las penas del infierno. Ayudado de vuestra divina gracia, propongo firmemente nunca más pecar, confesarme y cumplir la penitencia que me fuere impuesta. Amén

1ª ESTACIÓN

JESÚS ES SENTENCIADO A MUERTE

Te adoramos, Señor Jesús, y te bendecimos, porque por tu Santa Cruz redimiste al mundo y a mí pecador.

Yo callaba y a la vez amaba a los que me sentenciaban. Muchas veces te hablo en el silencio pero en tu ajetreo no me escuchas. Búscame cuando estés sólo, en la oración, porque a tu lado estaré.

———— † ————

Padrenuestro · Avemaría

Señor Jesús, pequé, ten piedad y misericordia de mí.

2ª ESTACIÓN

JESÚS CARGA CON LA CRUZ

Te adoramos, Señor Jesús, y te bendecimos, porque por tu Santa Cruz redimiste al mundo y a mí pecador.

Esa Cruz, ese sufrimiento, ese dolor que no quieres ni ver, es lo que más te acerca a Mí. No huyas de ella, no temas ni tengas miedo cuando creas que pesa demasiado. Porque Yo voy siempre a tu lado, aunque no me veas, dándote ánimo y fuerza.

——— † ———

Padrenuestro · Avemaría

Señor Jesús, pequé, ten piedad y misericordia de mí.

3ª ESTACIÓN

JESÚS CAE POR PRIMERA VEZ BAJO EL PESO DE LA CRUZ

Te adoramos, Señor Jesús, y te bendecimos, porque por tu Santa Cruz redimiste al mundo y a mí pecador.

También caí Yo para que veas que, aunque Dios, también soy hombre como tú. Por eso, cuando tropieces y caigas, levántate, que te espero para abrazarte y consolarte. Y si estás herido, búscame en el Sacramento del Perdón, donde limpio tus heridas y hago de ti una nueva criatura.

———— † ————

Padrenuestro · Avemaría

Señor Jesús, pequé, ten piedad y misericordia de mí.

4ª ESTACIÓN

JESÚS SE ENCUENTRA CON LA VIRGEN

Te adoramos, Señor Jesús, y te bendecimos, porque por tu Santa Cruz redimiste al mundo y a mí pecador.

Cuando pases por el camino de la tribulación, ve en busca de mi Madre, la Virgen Santísima. Ella cuidará de ti como hizo conmigo y te acompañará, te ayudará ante los obstáculos que encuentres.

——————— † ———————

Padrenuestro · Avemaría

Señor Jesús, pequé, ten piedad y misericordia de mí.

5ª ESTACIÓN

EL CIRINEO AYUDA AL SEÑOR JESÚS A LLEVAR LA CRUZ

Te adoramos, Señor Jesús, y te bendecimos, porque por tu Santa Cruz redimiste al mundo y a mí pecador.

Necesito de ti porque hay muchos que miran para otro lado. Cuando sirves al prójimo, cuando sostienes la cruz de alguien sin esperar nada a cambio, al socorrerle también lo haces conmigo, y el mundo cambia para bien.

†

Padrenuestro · Avemaría

Señor Jesús, pequé, ten piedad y misericordia de mí.

6ª ESTACIÓN

LA VERÓNICA LIMPIA EL ROSTRO DE JESÚS

Te adoramos, Señor Jesús, y te bendecimos, porque por tu Santa Cruz redimiste al mundo y a mí pecador.

Cuando defiendes la fe sin temer al "qué dirán" ni a la persecución, cuando amas a los demás, cuando defiendes a los inocentes... es mi rostro el que, impregnado en ti, presentas a los demás.

——————— † ———————

Padrenuestro · Avemaría

Señor Jesús, pequé, ten piedad y misericordia de mí.

7ª ESTACIÓN

SEGUNDA CAÍDA EN EL CAMINO HACIA EL CALVARIO

Te adoramos, Señor Jesús, y te bendecimos, porque por tu Santa Cruz redimiste al mundo y a mí pecador.

Equivocarse es parte del ser humano; hay que ser humilde y saber que sin Mi ayuda no puedes nada. Aprende de la caída y levántate valiente. Yo te daré la fuerza.

——— † ———

Padrenuestro · Avemaría

Señor Jesús, pequé, ten piedad y misericordia de mí.

8ª ESTACIÓN

JESÚS CONSUELA A LAS HIJAS DE JERUSALÉN

Te adoramos, Señor Jesús, y te bendecimos, porque por tu Santa Cruz redimiste al mundo y a mí pecador.

Hay momentos en los que es normal que derrames lágrimas, como cuando murió mi amigo Lázaro. En los momentos más difíciles, cuando alguien se va de tu lado. Pero no en esos momentos en los que sufres y lloras pensando que todo te pasa a ti. Mírame, todo mi cuerpo en llagas. Cada una de ellas fue por ti, porque te amo.

†

Padrenuestro · Avemaría

Señor Jesús, pequé, ten piedad y misericordia de mí.

9ª ESTACIÓN

JESÚS CAE POR TERCERA VEZ

Te adoramos, Señor Jesús, y te bendecimos, porque por tu Santa Cruz redimiste al mundo y a mí pecador.

Volví a caer de nuevo. Así compruebas que, aunque tropieces y caigas en la misma piedra, te sigo amando. Por más cansado que estés, por lo incapaz que te sientas, a tu lado voy. Ofréceme ese dolor y yo lo transformaré en bendiciones para ti y para los demás.

———— † ————

Padrenuestro · Avemaría

Señor Jesús, pequé, ten piedad y misericordia de mí.

10ª ESTACIÓN

JESÚS ES DESPOJADO DE SUS VESTIDURAS

Te adoramos, Señor Jesús, y te bendecimos, porque por tu Santa Cruz redimiste al mundo y a mí pecador.

Me arrancaron las vestiduras y con ellas trozos de carne y sangre que iban adheridos. Las echaron a suerte. Pero no los juzgaba, más, los amaba. No es el azar o la casualidad el motivo de tu vida, sino la Providencia Divina de mi Padre Dios. Por eso, pon tu confianza en Mí y no en modas pasajeras. Porque el premio es la Vida Eterna.

——— † ———

Padrenuestro · Avemaría

Señor Jesús, pequé, ten piedad y misericordia de mí.

11ª ESTACIÓN

JESÚS ES CLAVADO EN LA CRUZ

Te adoramos, Señor Jesús, y te bendecimos, porque por tu Santa Cruz redimiste al mundo y a mí pecador.

La voluntad de mi Padre Dios es que seas feliz, y cuando te visiten la enfermedad, el sufrimiento y el dolor, no reniegues, porque todo es para bien. No me preguntes el por qué, sino para qué, pues sin Cruz no hay Gloria. Es la puerta estrecha para entrar al Paraíso.

———— † ————

Padrenuestro · Avemaría

Señor Jesús, pequé, ten piedad y misericordia de mí.

12ª ESTACIÓN

JESÚS MUERE EN LA CRUZ

Te adoramos, Señor Jesús, y te bendecimos, porque por tu Santa Cruz redimiste al mundo y a mí pecador.

No hay amor más grande que el que da la vida por sus amigos. La Cruz es signo de salvación, es estandarte de Victoria. Esos clavos que me traspasaron y clavaron al santo madero son como la unión que tengo contigo. Si tuviera que hacerlo de nuevo, solo por ti, lo haría, porque te amo.

Padrenuestro · Avemaría

Señor Jesús, pequé, ten piedad y misericordia de mí.

13ª ESTACIÓN

JESÚS EN BRAZOS DE SU MADRE, MARÍA SANTÍSIMA

Te adoramos, Señor Jesús, y te bendecimos, porque por tu Santa Cruz redimiste al mundo y a mí pecador.

Al pie de la Cruz estaba María. Ahí te la entregué como Madre. Por eso, camina siempre de su mano, bajo su manto, en su Corazón Inmaculado. Pues nada le niego cuando intercede por ti. Encomiéndate a Ella en todo.

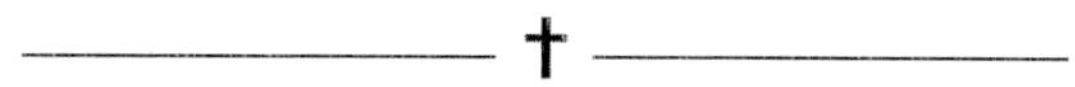

Padrenuestro · Avemaría

Señor Jesús, pequé, ten piedad y misericordia de mí.

14ª ESTACIÓN

EL CADÁVER DE JESÚS ES PUESTO EN EL SEPULCRO

Te adoramos, Señor Jesús, y te bendecimos, porque por tu Santa Cruz redimiste al mundo y a mí pecador.

Silencio. Soledad. Muerte. Mis amigos me dejaron solos ante el martirio. Pero me acompañaban mi Padre Dios y el Espíritu Santo...

———— † ————

Padrenuestro · Avemaría

Señor Jesús, pequé, ten piedad y misericordia de mí.

15ª ESTACIÓN

JESÚS RESUCITA

Te adoramos, Señor Jesús, y te bendecimos, porque por tu Santa Cruz redimiste al mundo y a mí pecador.

¡Todo se ha cumplido! La muerte, el pecado, el diablo, el mundo, la tristeza, el miedo... no tienen la última palabra. ¡La Paz esté contigo! Yo estaré con vosotros todos los días, hasta el fin del mundo. Fue por ti, porque te amo.

———— † ————

Gloria · Gloria · Gloria

ORACIÓN:

Señor Jesús, te pido, me concedas, que cada vez que rece este VIACRUCIS, cada vez que lo medite, quede grabado en mi alma tu Amor por mí. ¡Gracias Señor Jesús por tanto, gracias por todo!

Santísima Virgen María, acompáñame en el dolor y los sufrimientos, en los obstáculos que me encuentre en el caminar diario. Así como permaneciste fiel con Jesús, quédate conmigo en la Cruz. Dame la gracia de no perder nunca la esperanza y ofrecer mi aflicción para que sea también redentora en las manos de nuestro Padre Dios y sea conversión para los hermanos que no conocen el Amor que tu Hijo, Jesús, nuestro Señor, nos tiene. AMÉN

CONCLUSIÓN

Hay quienes dicen que tener devoción a la Santísima Virgen María es perder el tiempo, pues podemos hablar directamente con su Hijo, Jesús, nuestro Señor. Ya que tengo unos añitos y necesito lentes para leer de cerca, ¿me hacen ver peor acaso? No, al contrario, lo que hacen es que enfoque mejor las letras de los libros. Así hace la Virgen María: ella nos enfoca en Él. Nos enseña a mirarlo con amor como solo ella sabe. Porque, como conoce una madre a su hijo, no hay quien le conozca. María es modelo de santidad, con su SÍ que cambió todo. Con un insignificante sí cambió la historia de la humanidad y, por su seno puro e inmaculado, vino al mundo el Mesías, Jesús, nuestro Salvador. ¿Que mejor ejemplo para buscar la santidad en lo ordinario del día a día que la llena de gracia, la mujer vestida de sol con la luna bajo sus pies, la Madre de Dios? La esposa fiel, la mujer que guarda en su corazón lo que no entiende de la Voluntad de Dios Padre, la que dio vida a quien es la Vida, la que meditaba en su corazón la Palabra, la que nos enseña a seguir a su Hijo, nuestro Señor Jesús, sin reservas ni excusas. Ella es

Madre y, por tanto, modelo para la Iglesia Católica. Te pongo otro ejemplo: buscamos algo y no lo encontramos, rebuscamos y no lo vemos; pero preguntamos a mamá y sabe dónde está todo. Las madres tienen ese don de ver donde nosotros no vemos. Pues así también es la Virgen: buscamos a Jesús por sitios equivocados, pero ella nos acerca y nos presenta a Él. Con ella aprendemos a no juzgar, nos educa en el amor a su Hijo Jesús y a los demás. Nos enseña a servir y a perdonar a nuestros enemigos. Si nos pareciéramos, aunque sea un poquito, todo cambiaría en nuestras vidas, en el mundo entero. Por eso, amar a la Santísima Virgen María nuca nos aleja de amar a su Hijo, nuestro Señor Jesús. Nos acerca a Él, nos lo da de sus tiernas manos. Ella nos lleva al Sagrado Corazón de su Hijo Jesús. ¡Enséñanos, María, a ser como tú, sencillos y serviciales, a ser como tu Hijo Jesús, mansos y humildes de corazón! Amén

¡Cuántas veces no habré escuchado los consejos de mi mamá! Algunos son "clásicos" para toda la vida, como el "tápate bien que hace frío, niño". Pues mamita María, con sus apariciones por todo el mundo, también nos ha dejado algunas indicaciones para caminar de su mano y alcanzar el Cielo. Como somos buenos hijos y queremos ser obedientes, agarrémonos de su tierna mano.

El primero: rezar el Rosario. Que no nos dice hacer una novena o un triduo, sino rezar el Rosario con devoción todos los días, orar con el corazón para que haya paz en nuestras almas, en nuestras vidas, en todo el mundo. Contra la tentación, contra la depresión, ¡Avemarías! Luchando contra el diablo para que no nos engañe. ¿Por qué cuesta tanto rezarlo? ¿Por qué te da sueño? ¿Por qué te faltan ganas? Porque el diablo no quiere que tengas paz, sino que estés en guerra.

Segundo: la modestia y el pudor. Recuerda que sin castidad no hay santidad. En estos tiempos donde la impureza es tan normal a los ojos de la sociedad, tú y yo vivamos como templos del Espíritu Santo. Cuando la mujer viste con decoro, cambia el pensamiento y la mirada del hombre.

Tercero: dejar la hipocresía y las falsas apariencias. En este sentido, gracias a ella, mi vida cambió. Porque rezaba el Rosario e iba a Misa públicamente, pero luego me drogaba a escondidas. Es decir, no seas católico cara al público y luego tu vida nada tiene que ver con Dios. Seamos coherentes con nuestra fe y creencias.

Cuarto: "No temas, hijito, ninguna enfermedad o aflicción, angustia o dolor. ¿No estoy yo aquí, que soy tu Madre?" Bajo su manto maternal, a nada hay que temer. No hay ningún santo que, caminando de la mano de María Santísima, no se haya encontrado con su Hijo, Jesús, nuestro Señor.

Quinto: penitencia, mortificación, ayuno. Orad, orad, orad. No lo veas como una carga, sino como una solución. Porque una madre siempre nos enseñará desde el amor y nos ayudará a ser mejores en el día a día. Amén